たのしい！かがくのおはなし 年生

監修
横山 正

高橋書店

はじめに

みのまわりには　ふしぎなことが
たくさんあります。

ゾウは　なぜ　大《おお》きいの？
セロハンテープが　くっつくのは　なぜ？
にじは　どうして　できるの？

こうした　生《い》きものや　どうぐや　しぜんの　ふしぎについて、かんが

えたり　しらべたりするのが、「かがく」です。

　この本《ほん》では、みぢかな　かがくの　ふしぎに、みじかい　おはなしで　こたえています。ぜひ　こえに　出《だ》して　よんでみましょう。

　なかには　がっこうで　ならわないことも　たくさん　かいてあります。このせかいには　とっても　おもしろいことが　たくさんあるので、あたらしいことを　どんどん　まなんでいきましょう。

　この本《ほん》に　かいてあることを　きっかけに、みなさんが　ふしぎに　おもうことを　もっと　しらべたり、じぶんで　たしかめたり　してもらえると　うれしいです。

もくじ

からだの おはなし

たべもののおはなし

うちゅう・ちきゅうの おはなし

編集協力 株式会社アルバ
執筆協力 伊原 彩 栗栖美樹 永山多恵子
青木美登里
校正協力 鴎来堂
本文デザイン 坂川朱音+小木曽杏子（朱猫堂）
DTP チャダル108
イラスト コルシカ いきものだもの 島内美和子
ryuku あずきみみこ よしださやか
長野美里
写真 JMA NOAA/NESDIS CSU/CIRA PIXTA
photolibrary 岡本良治/アフロ Pixabay
ACワークス株式会社

もの

の　おはなし

どうぶつや　虫《むし》たちの、
気《き》になるふしぎを　あつめました。
生《い》きるための　しくみや　ひみつを
しょうかいします。

おどろきの　こたえが
いっぱい！　いっしょに
見《み》ていこう！

生《い》き

生《い》きもの の おはなし

ライオンは どれくらい つよい？

ライオンは からだが 大《おお》きくて 力《ちから》も つよく、「どうぶつの 王《おう》さま」と よばれて います。

ぶきは、とがった はと、するどい つめです。1たい1で ライオンと たたかって、かてる どうぶつは、ほとんど いないでしょう。

ライオンは、 1から3とうの オスと、 5から6とうの メスと、 その 子《こ》どもたちとで くらしています。 おもに メスたちが、 力《ちから》を あわせて えものを つかまえます。

ところが、 これほど つよい ライオンでも、 えものを つかまえるのは かんたんではありません。 えものに にげられてしまい、 うまくいくのは 10かいのうち たった 2かいほどです。

えものを つかまえる 力《ちから》は、 王《おう》さまとは いえないようです。

オスは あまり かりを
しないよ。ほかの オスが
おそってきたら
たたかうけどね…

どうぶつの　王《おう》さま
大《だい》しゅうごう

いろいろな　どうぶつの　王《おう》さまに　あつまって　もらいました。
それぞれに　とくいなことが　あるようです。

かりが とくい王《おう》

リカオンは　ねらった　えものを　ほとんど　にがしません。10かいのうち、なんと　8かいほども　えものを　つかまえることが　できます。

えものが
つかれるまで、
ず～っと
おいかけるんだ！
リカオン

しまもようは、えものに
みつかりにくくて
べんりなんだ

トラ

まちぶせ王《おう》

えものを　草《くさ》むらで　まちぶせして　つかまえます。とても　つよいのに、えものを　つかまえるのが　にがてです。10かいやって、うまくいくのは　たった　1かいほどです。

センザンコウ

りっぱな ヨロイ王《おう》

ウロコは　サイの　ツノと　おなじ　かたいもので　できています。

きけんを
かんじると
まるまるよ

みはりが とくい王《おう》

どうぶつの中《なか》で いちばん せが たかく、目《め》も とても いいので、とおくにいる てきも見《み》つけられます。

きけんは
ないかな？
キリン

スピード王《おう》

あっというまに
えものに おいつくよ！
でも、つかれちゃうから
ながくは はしれないんだ
チーター

チーターは、そっと えものに ちかづき、いきなり もうスピードで えものをおいかけます。10かいのうち、5かいぐらい つかまえることが できます。

木《き》のぼり王《おう》

木《き》のぼりが とくいで、木《き》の上《うえ》や 草《くさ》むらに かくれて えものを 見《み》つけたら、おそいかかります。10かいのうち、4かいぐらい うまくいきます。

えものは 木《き》の
上《うえ》に はこんで
ゆっくり たべるのさ
ヒョウ

生《い》きもの
の
おはなし

ゾウは なぜ 大《おお》きいの？

りくに すむ 生《い》きものの中《なか》で、大《おお》きさチャンピオンと いえば、ゾウです。

でも、ゾウの そせんは、なんと イヌぐらいの 大《おお》きさしかなく、はなも みじかかったのです。もともと ゾウは、水《みず》べや森《もり》の中《なか》で くらしていましたが、ひろい草《そう》げんに うつりすみました。そして、な

フォスファテリウム

大《おお》きさは イヌぐらいで はなは みじかく、カバと にた すがた。5600まん年《ねん》まえごろに 水《みず》べで 水草《みずくさ》などを たべて くらしていました。

プラティベロドン

大《おお》きさは カバぐらいで はなは ながく、下《した》あごは シャベルのような かたち。1500まん年《ねん》まえごろに 草《そう》げんで 木《き》の はを たべて くらしていました。

がい　あいだに　いまの　すがたに　かわっていったと　かんがえられています。
それは、からだが　大《おお》きいと、べんりなことが　たくさんあるからです。まず、てきに　おそわれにくく、ほかの　どうぶつに　たべものを　よこどりされません。がんじょうな　あしで、とおくまで　たべものを　さがしに　いくことも　できます。大《おお》きな　からだは　こまかい　うごきが　にがてです。でも　そのかわり、ながい　はなが、手《て》や　水《みず》を　のむ　ストローとおなじべんりな　やくわりを　してくれます。

アフリカゾウ

大《おお》きさは　7メートルぐらいに。ながいはなを　つかって　立《た》ったまま　木《き》の　はを　たべたり、水《みず》を　のんだり　するように　なりました。

ゾウの　からだの　ひみつ

ゾウの　ながい　はな、大《おお》きな　耳《みみ》、大《おお》きくて　おもい　からだには、いろいろな　ひみつが　あります。さぐってみましょう。

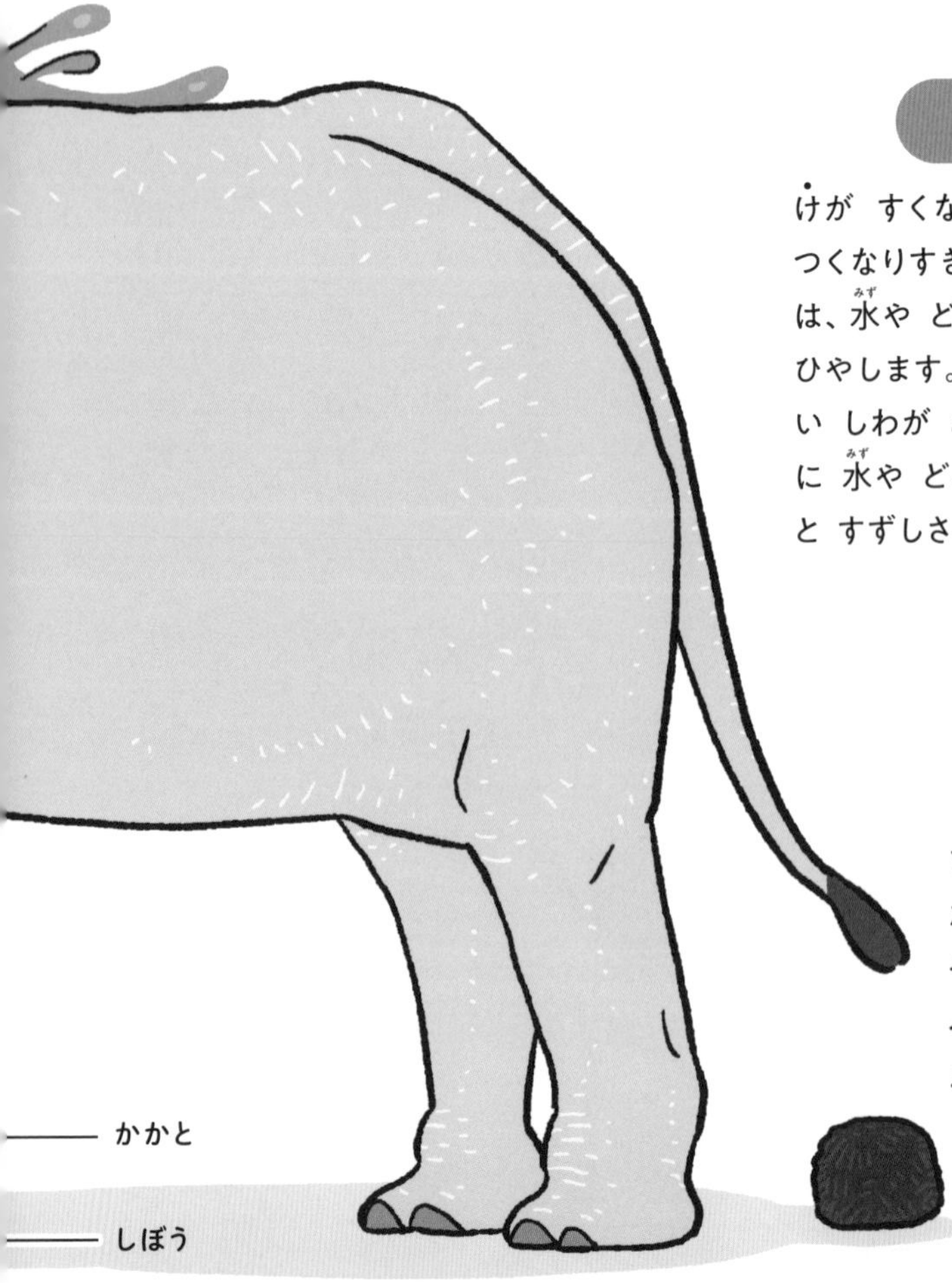

からだ

けが　すくないので、からだが　あつくなりすぎません。あつい　日《ひ》には、水《みず》や　どろを　あびて　からだをひやします。ひょうめんに　こまかい　しわが　あって、しわの　あいだに　水《みず》や　どろが　のこるので、ずっと　すずしさを　たもてます。

ふん

ゾウの　ふんの中《なか》には　たねも　まざっていて、そこで　めを　出《だ》します。ふんは　しょくぶつの　えいようにも　なります。

ながい はな

大《おお》きな からだを まげのばし しなくても すむように、はなと 上《うわ》くちびるが あわさって のびてできました。ほねは なく、きんにくで できていて、じゆうに うごきます。

大《おお》きな 耳《みみ》

耳《みみ》には ほそい けっかんが たくさん とおっています。パタパタうごかし、かぜに あてることであたたまった ちを ひやします。

あし

あしには ゆびが ありますが、じめんに ついているのは つまさきだけです。ゆびの ほねの 下《した》には クッションのような しぼうのかたまりが あり、あしを まもっています。

生《い》きもの
の
おはなし

なぜ どうぶつに つのが あるの？

つのが ある どうぶつには、ウシや シカの なかま、プロングホーン、それに キリンなどが います。サイも、かおの まん中《なか》に 大《おお》きな つのが ありますね。

つのが あるのは、おとなの オスだけです。メスは つのが ないか、あっても 小《ちい》さいことが おおいようです。

つのは、てきと たたかうときの ぶきに なります。いちばんの てきは、なんと おなじ しゅるいの オスです。オスは、なわばり

や メスを とりあうために、つのを ぶつけあったりして たたかいます。でも、たいていは たたかうまえに つのを 見《み》せびらかしあって、つのの 小《ちい》さい オスが にげ出《だ》します。りっぱな つのは つよい オスの しょうこなのです。

しょうぶで きめよう！
あの子《こ》は わたさない！

クリスマスのときに つのが あるのは メスなの！

シカの なかまでは、トナカイだけが メスも つのを もっています。オスの つのは ふゆには おちますが、メスは はるまで つのが のこります。

つののある 生《い》きもの 大《だい》しゅうごう！

生《い》きものたちが　みんな　つのを　じまんしています。
つのの　かたちや　ほんすうを　よく　見《み》てみましょう。

シカの なかま

トナカイの　ほかは、オスだけが　つのをもちます。木《き》の　えだのような　かたちのつのが　まい年《とし》　生《は》えかわります。

キリンの なかま

オスも　メスも　生《う》まれたときから　つのをいくつか　もっています。つのは　ひふでつつまれていて、中《なか》に　ほねが　あります。

ウシの なかま

オスも　メスも　つのを　もちます。つのの中《なか》には　ほねが　あって、生《は》えかわらず　すこしずつ　のびます。

イッカク

クジラの　なかまで、おとなの　オスの　かおから　ながい　つののようなものが　つき出《だ》しています。これは、左《ひだり》の　はだけが　のびたものです。

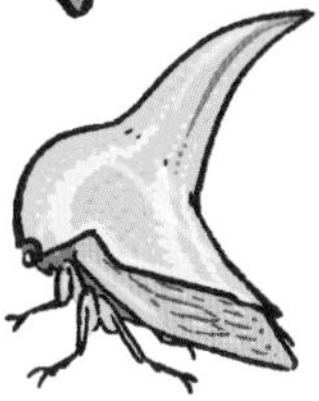

ツノゼミ

せなかが　つののように　とがったこん虫《ちゅう》です。しょくぶつの　とげにばけて、みを　まもっています。

カブトムシ

オスだけが　つのを　もちます。つのは、じゅえきの　出《で》る　木《き》から　ほかの　虫《むし》を　おい出《だ》したり、オスどうしが　メスを　とりあったり　するときに　つかいます。

プロングホーン

オスは、ひたいに　先《さき》が　2つに　わかれたつのを　もちます。メスの　つのは　小《ちい》さいです。つのの　そとがわだけが　まい年《とし》ぬけおちて、あたらしく　のびてきます。

サイの なかま

オスも　メスも、はなの　上《うえ》に　1本《ぽん》か　2本《ほん》の　つのを　もちます。つのは　けが　かたまったもので、おれると　また　生《は》えます。

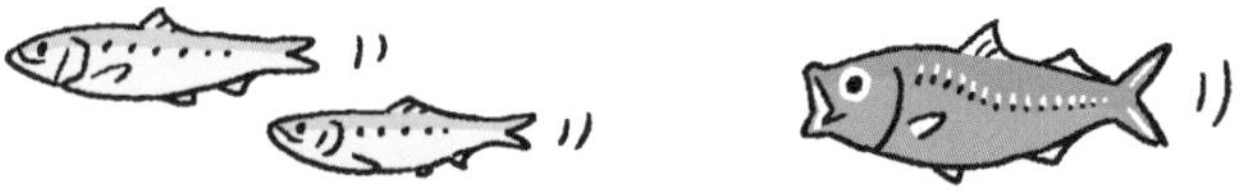

生《い》きもの
の
おはなし

さかなは なにを たべて いるの？

さかなが 口《くち》を パクパク させて いるのを 見《み》た ことは ありますか？

さかなの たべものは、しゅるいによって ちがいます。

水《みず》の中《なか》に 生《は》える しょくぶつを たべるもの、目《め》に 見《み》えないほど 小《ちい》さな プランクトンという 生《い》きものを たべるもの、

大《おお》きな さかな

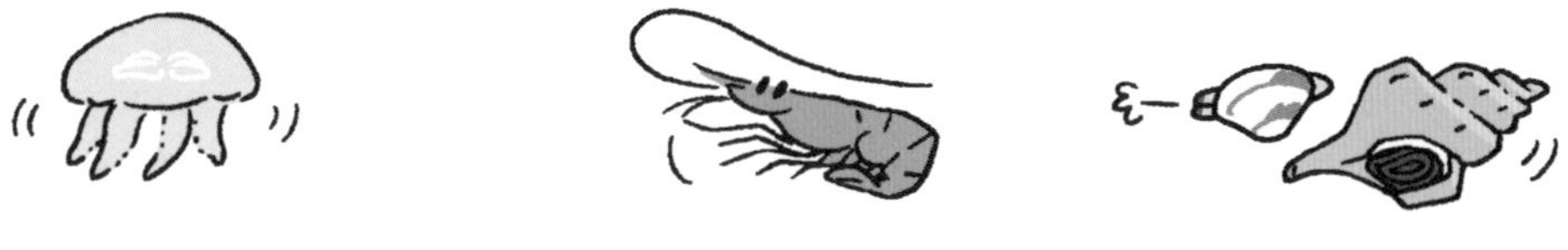

虫《むし》を たべるものなどが います。

ほかの さかなや 貝《かい》、イカなどを おそって たべるものや、なんでも たべる くいしんぼうの さかなも います。しぜんの中《なか》では、よわいものや 小《ちい》さな さかなから じゅんばんに、もっと つよくて 大《おお》きな さかなに たべられます。

でも、大《おお》きな さかなも、しぬと 小《ちい》さな生《い》きものの たべものに なります。うみや 川《かわ》では それが くりかえされているのです。

さかなたちの　ごはんの　たべかた

うみや　川《かわ》の　さかなは　口《くち》の　大《おお》きさや　はの　かたちが
さまざまです。なにを　どんなふうに　たべるか、見《み》てみましょう。

フグ
フグの　は
うすくて　カミソリみたいな
はで　エビも　カニも
バリバリたべちゃうよ
貝《かい》や エビや
カニを たべる
プランクトンを たべる
大《おお》きい口《くち》で プランクトンを
かい水《すい》ごと　すいこむよ
ジンベエザメ
つついているようだけど、
じつは　サンゴを
かじりとって　いるんだ
サンゴを たべる
チョウチョウウオ

うみ
かい草《そう》を たべる
メジナ
かい草《そう》を はがして たべるんだ
さかなを たべる
オニカマス
するどい はで つかまえるよ
川《かわ》
水草《みずくさ》を たべる
ソウギョ
草《くさ》を たべる さかなは ちょうが ながいんだよ
貝《かい》や こざかな、 水草《みずくさ》を たべる
コイ
のどに はが あるんだよ

生《い》きもの の おはなし

どうして むれを つくる 生《い》きものが いるの？

なんびきかの なかまで 「むれ」を つくって くらす 生《い》きものは、たくさん います。むれで いると、よいことが たくさん あるのです。

むれで いると、それだけ たくさんの 目《め》で ひろく まわりを 見《み》ることが できます。じぶんだけで きょろきょろするよりも、てきが いないかを 見《み》はり、はやく きけんに 気《き》が ついて にげるのに

① たべものを わけあって、力《ちから》を あわせて 子《こ》そだてが できる

④ いっせいに にげられる

② 力《ちから》を あわせて かりが できる

やくだちます。

また、たべものを さがしたり、からだを よせあって さむさに たえたりすることも できます。よわい 生《い》きものにとって、むれは あんぜんに 生《い》きるための ほうほうなのです。

むれが 大《おお》きくなると、たべものが たりなくなったり、びょう気《き》が ひろがったりするため、むれを出《で》ていくことも あります。

③ 力《ちから》を あわせて てきを 見《み》つける

どうぶつの むれの かたち

どうぶつの むれは
おもに 3つの
グループに
わかれています。
オスと メスの
やくわりの
ちがいを
見《み》てみましょう。

オスとメスが ふくすう いる むれ

ニホンザルは、なんびきかの オスと メス、それに 子《こ》どもたちとで、むれを つくっています。メスは、一生《いっしょう》の あいだ おなじ むれに います。オスは 5さいぐらいに なると むれから 出《で》て べつの むれに 入《はい》ったり、1ぴきで くらしたりします。

ニホンザル

メスが ちゅうしんの むれ

ゾウは、メスたちと その 子《こ》どもたちとで むれを つくっています。メスは しまいや しんせきどうしで、リーダーは メスの ははおやです。オスは、おとなになると むれから 出《で》ていって、1とうだけで くらします。

子《こ》ども
メスの ははおや
メスの しまい

ゾウ

オスのみの むれを
つくることも あるよ
オス

オスが ちゅうしんの むれ

ゴリラは、1とうの オスと なんとうかの メス、その 子《こ》どもたちで むれを つくります。オスも メスも、せいちょうすると むれを 出《で》ることが おおいようです。

むれの リーダーは、
シルバーバックと
よばれる おとなの
オスだよ
リーダーの オス
メス
メス
メス

ゴリラ

メスと 子《こ》ども

生《い》きもの の おはなし

イルカは どうして ジャンプが とくいなの？

イルカが 水《みず》の中《なか》から ジャンプ！ そんなすがたを、テレビや 水《すい》ぞくかんで 見《み》ることが ありますね。

イルカは 大《おお》きな おびれを 上下《じょうげ》に 力《ちから》づよく ふって、はやく およぎます。そして、もうスピードで いきおいよく 水《みず》から とび出《だ》すので、たかく ジャンプできるのです。

水《みず》の中《なか》を あるくと、水《みず》の力《ちから》で まえに すすみにくいですね。でも、イルカの ひふは やわらかくて つるつる。水《みず》の力《ちから》が かかりにくく

い　とくべつな　つくりに　できています。そのため、はやく　およげて　ジャンプも　とくいなのです。
イルカが　ジャンプするのは、水《すい》めんに　からだを　たたきつけて、からだに　ついた　虫《むし》や　よごれを　おとすためです。また、オスがメスに　アピールするため、ただ　あそびたいからという　りゆうもあるようです。イルカに　きいてみたいですね。

水《みず》の中《なか》で　いきおいよく
おびれを　ふって
とび出《だ》して　いるんだ

ジャンプが じまんの どうぶつ たかさくらべ

ジャンプじまんの どうぶつたちが あつまって、ジャンプ大《たい》かいが はじまりました。じぶんの せの たかさよりも ずっと たかく とび上《あ》がる どうぶつも います。

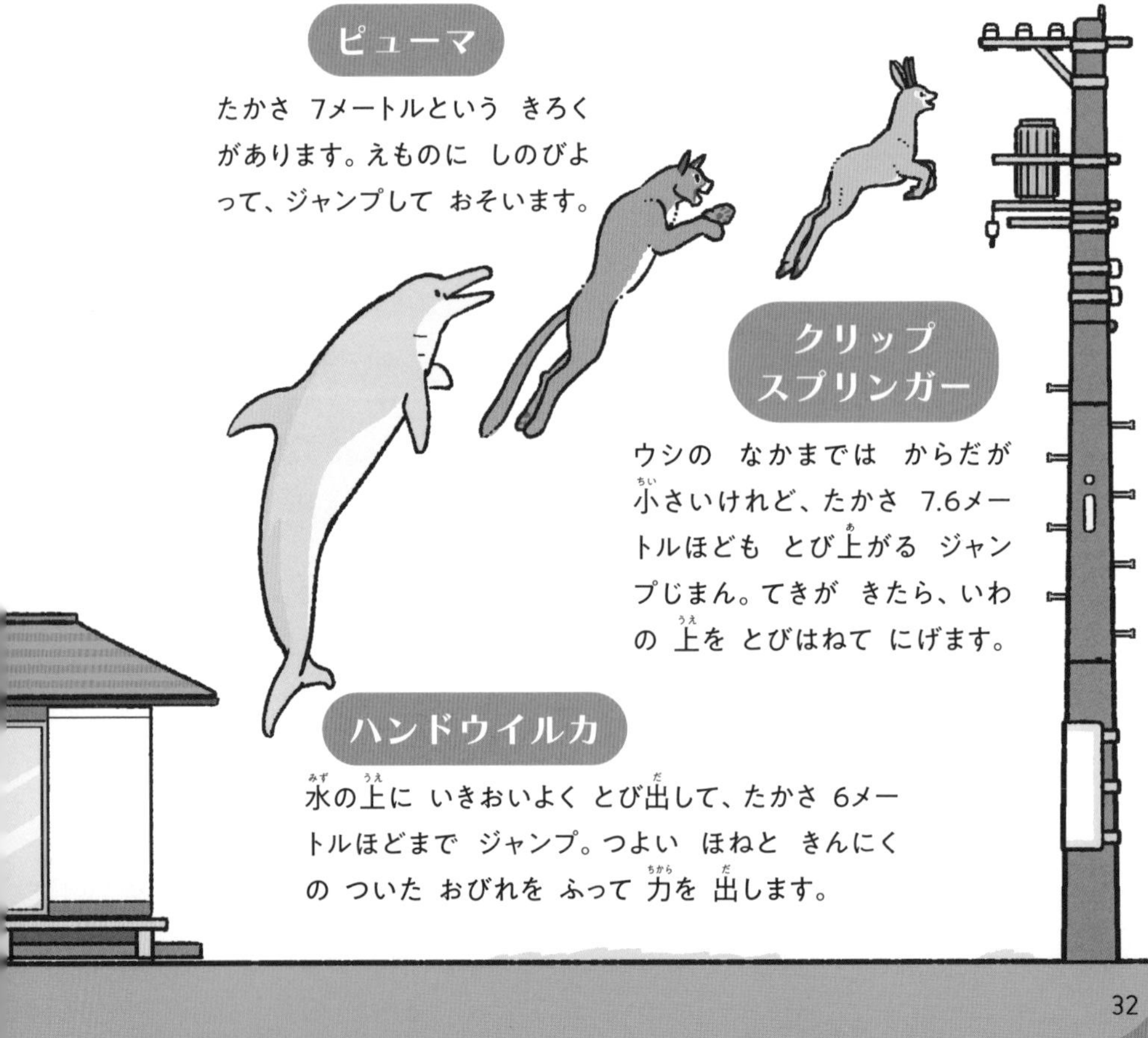

ピューマ

たかさ 7メートルという きろく があります。えものに しのびよ って、ジャンプして おそいます。

クリップスプリンガー

ウシの なかまでは からだが 小《ちい》さいけれど、たかさ 7.6メートルほども とび上《あ》がる ジャンプじまん。てきが きたら、いわ の 上《うえ》を とびはねて にげます。

ハンドウイルカ

水《みず》の上《うえ》に いきおいよく とび出《だ》して、たかさ 6メートルほどまで ジャンプ。つよい ほねと きんにく の ついた おびれを ふって 力《ちから》を 出《だ》します。

ノミ

おおよそ 20から30センチメートル はねます。なんと じぶんの からだの 大《おお》きさの 100ばいです。

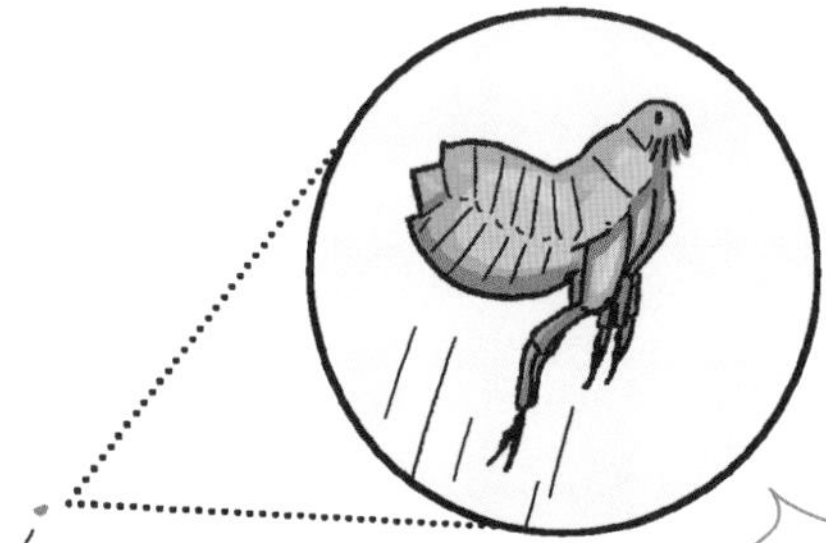

しんちょうの
100ばい
とべるんだぜ!

にんげん

「はしりたかとび」という ジャンプの たかさを くらべる きょうぎで、せかいで 1ばんの きろくは たかさ 2.45メートルです。

オオカンガルー

ながくて つよい あしで、たかさ 2.4メートルほども ジャンプできます。まえに とぶのも とくいで、1かいで 9メートルいじょうも すすみます。

ネコ

たかさ 1.8メートルの きろくが あります。うしろあしの つよい きんにくと やわらかくて バネのような からだが、ジャンプに むいています。

1かいだての
いえ 3メートル

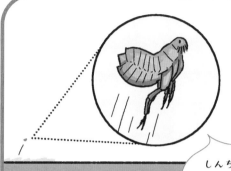

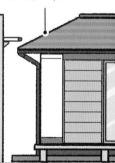

生《い》きもの
の
おはなし

アリの ぎょうれつは どうして できるの？

いつもは ばらばらに あるきまわる アリが、ながい れつを つくることが ありますね。アリたちの れつが むかっているのは、たべものの ある ばしょです。

アリは、1ぴきでは はこべない 大《おお》きな たべものを 見《み》つけると、はらの さきから とくべつな においのする えきを 出《だ》して、じめんに つけながら すに かえります。

すに いた なかまの アリたちは、いっせいに その においを た

どって たべものの ばしょに しゅっぱつします。そのため、ながい れつが できるのです。においの みちあんないで たべものに たどりつくと、力《ちから》を あわせて すに はこびます。また、ひっこしを するときに、たまごや よう虫《ちゅう》を くわえて はこぶ れつが できることも あります。

① たべものを 見《み》つける

② はらの さきから えきを 出《だ》して みちしるべを つける

③ なかまが みちしるべに そって むかう

④ たべものに むかって どんどん ぎょうれつに なる

アリの　くらしを　のぞいてみよう

アリは、女王《じょおう》アリを　ちゅうしんとした　かぞくで　くらしています。それぞれ　やくわりが　あります。すの　ようすを　見《み》てみましょう。

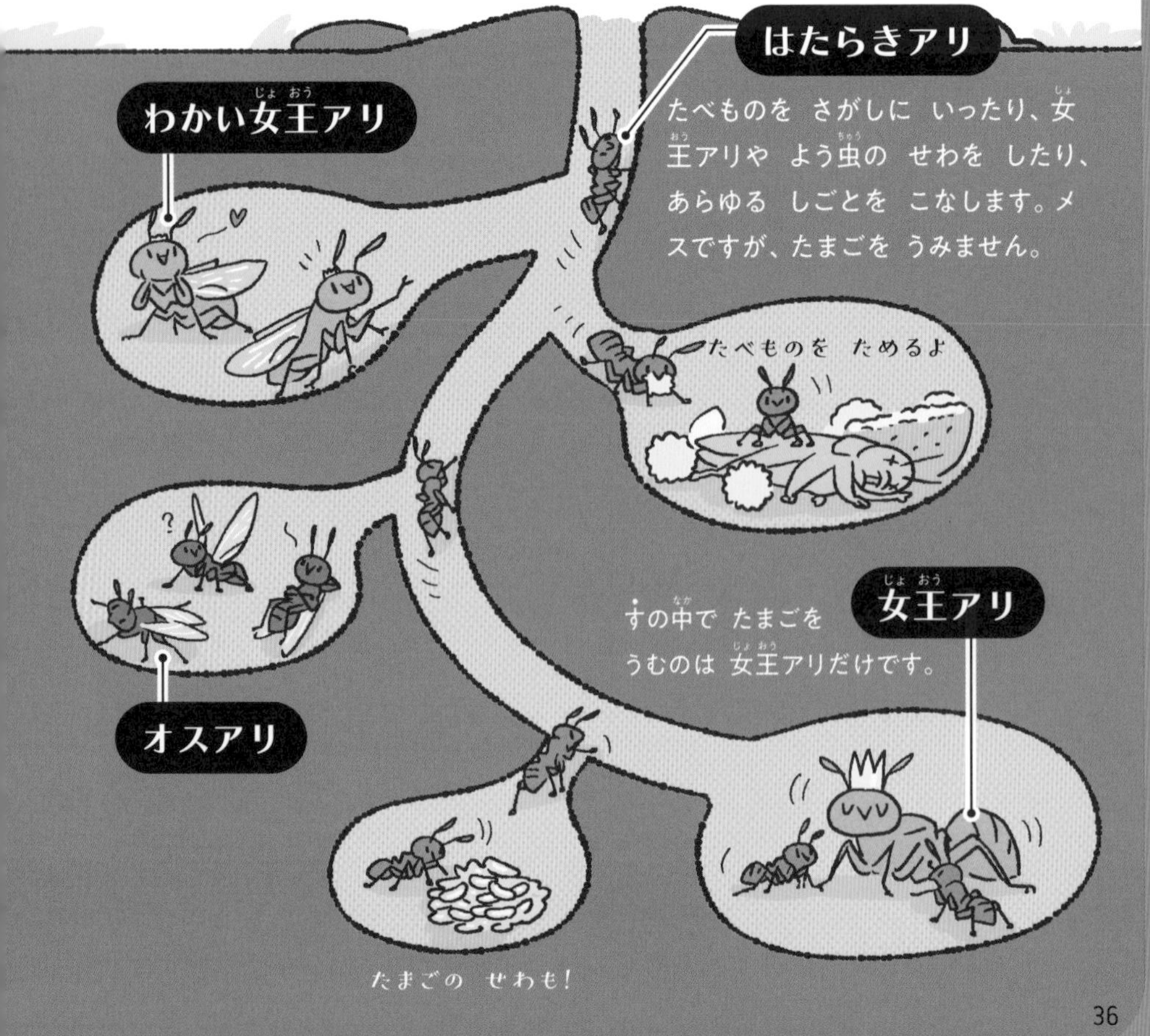

はたらきアリ
たべものを　さがしに　いったり、女《じょ》王《おう》アリや　よう虫《ちゅう》の　せわを　したり、あらゆる　しごとを　こなします。メスですが、たまごを　うみません。
わかい女王《じょおう》アリ
たべものを　ためるよ
オスアリ
女王《じょおう》アリ
すの中《なか》で　たまごを　うむのは　女王《じょおう》アリだけです。
たまごの　せわも!

オスアリものがたり

わかい女王《じょおう》アリと オスアリは、5月《がつ》から 6月《がつ》の むしあつく かぜの よわい日《ひ》に、
あちこちの すから いっせいに とびたちます。ほかの すの アリと
であうために とぶことを けっこんひこうと いいます。

1
わかい 女王《じょおう》アリと オスアリが であい…
あら？
2
さっそく しんこんりょこうに でかけます
つかまえてみなさ〜い♡
まて〜♡
3
けっこん ひこうを おえると…
わたし ひとりで たまごを うむわ
え…！
ハラリ…
4
オスは 力《ちから》つきて しんでしまいます
オスアリの 一生《いっしょう》は きびしいなぁ…

生《い》きもの
の
おはなし

ダンゴムシが まるく なるのは なぜ？

ダンゴムシは　名《な》まえのとおり、からだを　だんごのように　まるめる　とくいわざを　もっています。とくいわざを　つかうのは、てきから　みを　まもるためです。

ダンゴムシの　せなかは、ふしの　ある　かたい　からで　できています。でも、おなかがわは　やわらかくて　よわいのです。

ダンゴムシは「あぶない！」と　かんじると、せなかを　まるめて　ぴたりと　とじます。すると、おなかも　あしも　しょっかくも、だんごの　うちがわに　すっぽりと　かくれて　まもることが　できます。

　ところで、ダンゴムシと　よくにた　すがたの　ワラジムシは、からだを　まるめることが　できません。そのかわり　あしが　はやく、きけんを　かんじると　すばやく　にげだします。

ぼくは　にているけど
ダンゴムシじゃないよ
まるくなれないけど、
にげあしは　はやい！
ワラジムシ

ほかにも ある！ ダンゴムシの ひみつ

ダンゴムシには からだを まるめるだけでなく
びっくりするような ひみつが まだ あります。

ぼくらのなかまだよ!!

ひみつ1

ダンゴムシは ムシだけど こん虫《ちゅう》じゃない!?

こん虫《ちゅう》は、みんな あしの かずが 6本《ぽん》ですが ダンゴムシの あしは 14本《ほん》。ダンゴムシは こん虫《ちゅう》ではなく、カニなどに ちかい 生《い》きものです。

はずかし〜

ひみつ2

ふんが しかくい!?

ダンゴムシは、おちばなどを たべて ちょっとながい さいころのような しかくい ふんを します。

ひみつ3

赤《あか》ちゃんは とうめい!?

ダンゴムシの からだは、くろっぽい いろを していますが、生《う》まれたばかりの 赤《あか》ちゃんは 白《しろ》く、からだの中《なか》が 見《み》えるぐらい すきとおっています。

やってみよう！

ダンゴムシのめいろを つくろう

ダンゴムシは、はじめの　かべで　左《ひだり》に　まがると、つぎの　かべで　右《みぎ》に　まがり、つぎは　左《ひだり》に…　という うごきを　くりかえします。これを　かんさつする めいろを　つくってみましょう。

ようい するもの　はさみ、ものさし、えんぴつ、木《もっ》こうボンド、あつがみ、ダンボール

1　あつがみに　めいろの　下《した》がきを　する。

2　ダンボールを　3センチメートルの　はばの おびに　なるように　はさみで　切《き》る。

3　下《した》がきをした　ところと　そとわくに、ダンボールの おびを　木《もっ》こうボンドで　はる。

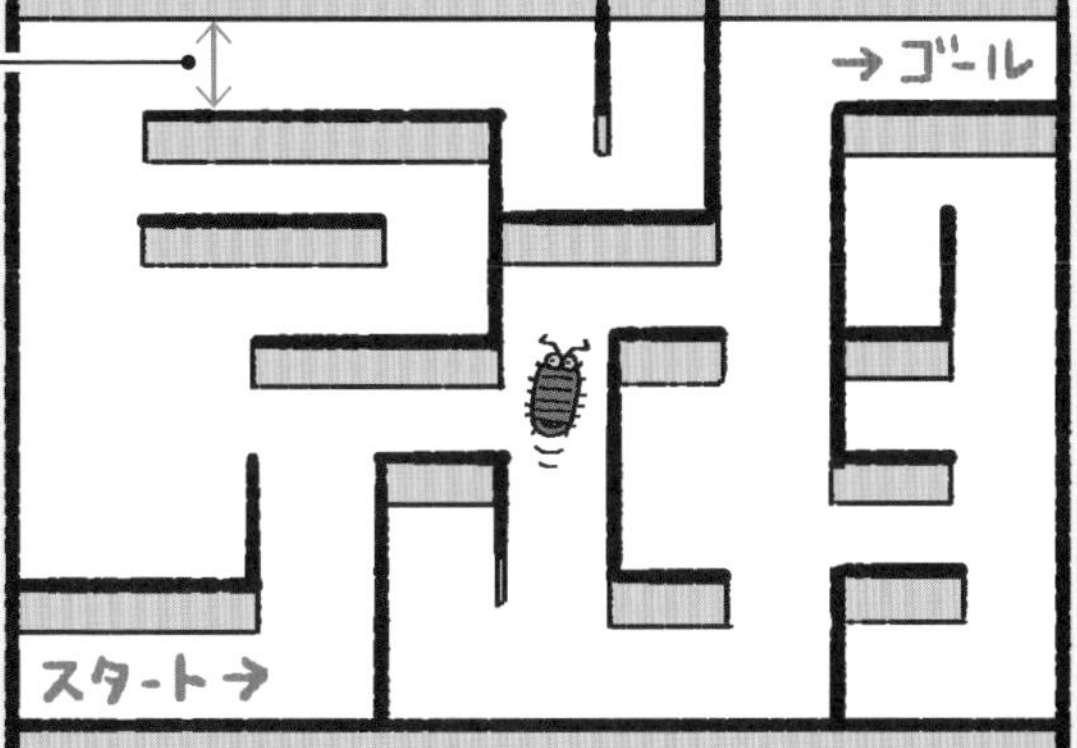

みちの　はばは 2センチメートルぐらいに　なるようにする。

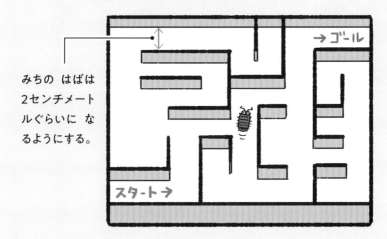

生《い》きもの
の
おはなし

どうして イモムシは チョウに なれるの？

はっぱの上《うえ》を あるく もこもこした イモムシは、やがて 大《おお》きなはねで 空《そら》を とぶ チョウに なります。その まえには、しばらくの あいだ「さなぎ」に なります。さなぎは、チョウに へんしんするための ふくろのような ものです。

イモムシは、さなぎに なる ばしょを きめると、口《くち》から はいた 糸《いと》で からだを くっつけて うごかなくなります。

それから イモムシの からだは、さなぎの中《なか》で とけて、なんと

スープのように　ドロドロになります。そのとき、はねや　あしなど　からだの　ぶぶんに　なるもとが　ちゃんと　できていきます。そして、どんどん　おとなの　からだに　つくりかえるのです。

つくりかえが　おわると、さなぎは　われて、中《なか》から　チョウが　すがたを　あらわします。これを「うか」と　いいます。

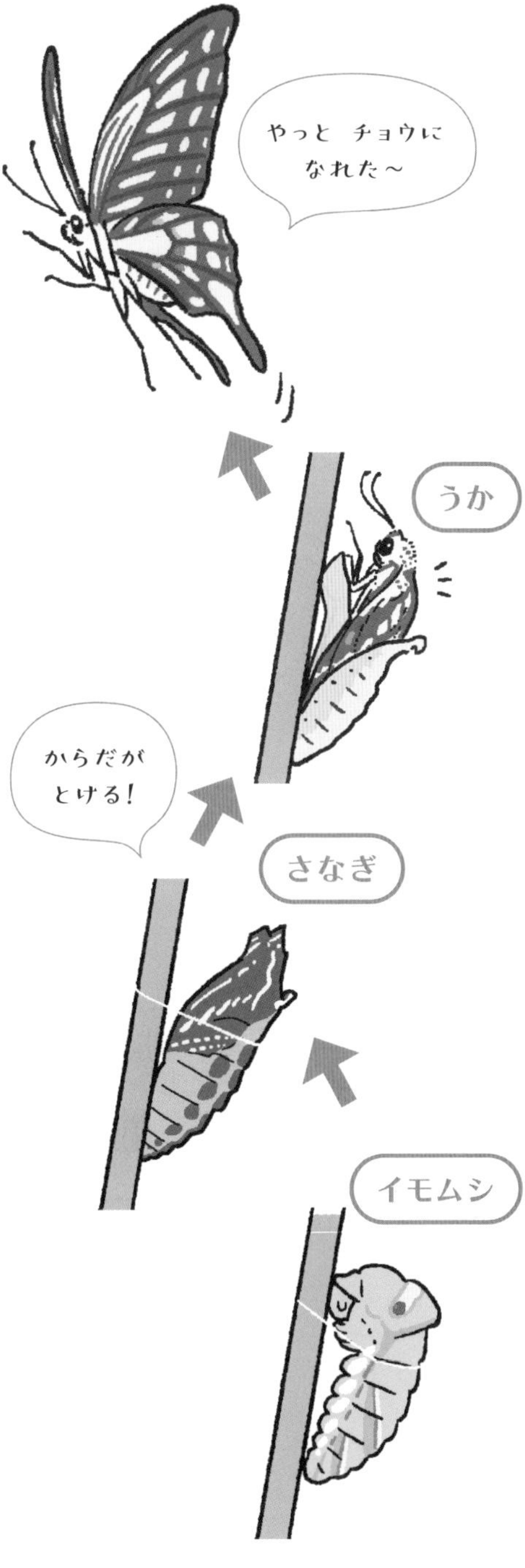
やっと　チョウに
なれた～
うか
からだが
とける！
さなぎ
イモムシ

すがたが かわる 生《い》きものたち

生《い》きものには おやと 子《こ》で すがたが まったく ちがっている ものが います。どんなふうに おとなに かわって いくのでしょうか?

トンボ

水《みず》の中《なか》で たまごから よう虫《ちゅう》が 生《う》まれ、そのまま 水《みず》の中《なか》で そだちます。水《みず》の上《うえ》に 出《で》て、かわを ぬぎ、おとなの すがたになります。

ヤゴって よばれるよ!

ウーパールーパー にも にているよ

イモリ

かおの よこに 水《みず》の中《なか》で いきを するための えらが あります。おとなに なると えらが なくなり、水《みず》の そとでも いきが できるようになります。

アヒルって
いわないで！

まだちょっと
はいいろ

オオハクチョウ

オオハクチョウの 子《こ》どもは、はねの いろがはいいろを しています。おとなに なると、おやと おなじく まっ白《しろ》なはねに 生《は》えかわります。

ふわふわ
だよ！

ゴマフアザラシ

生《う》まれたばかりの 赤《あか》ちゃんの けは まっ白《しろ》で、こおりの上《うえ》で てきに 見《み》つかりにくいです。2しゅうかん目《め》ぐらいから、おとなの けに 生《は》えかわります。

けが ぬけて
きたよ！

生《い》きもの
の
おはなし

ハチに ささされたら どうなるの？

ハチに さされると いたいだけでなく、ハチの どくが からだの 中《なか》に 入《はい》ってしまうため、 さされた ばしょが 赤《あか》く はれたり、 かゆく なったり します。

ねつが 出《で》たり、 いきが くるしくなったり することも ありますが、 びょういんで なおして もらえます。

おしりの どくばりで ひとさし

・すに ちかづいて さされる じこが まいとし おきています。気《き》を つけて！

オオスズメバチ

DANGER

ところが、1ど さされた 人《ひと》が また さされると、「アナフィラキシーショック」を おこすことが あります。

これは、まえに さされたときの どくを からだが おぼえていて おこる はんのうです。どくを やっつけようとする 力《ちから》が よけいに はたらくために、しょうじょうが おもくなります。ときには しんで しまうことも あります。

ハチに さされたら、すぐに おとなに しらせて、びょういんに いきましょう。

オオスズメバチを 見《み》つけたら すぐ にげて！
ニホンミツバチ
きけん！
きけん！
セイヨウミツバチ
キアシナガバチ

もうどく 生《せい》ぶつ ランキング

どくを もつ 生《い》きものは せかいに たくさん います。
どくの つよさを、もうどくの 青《せい》さんカリと くらべてみました。

1位《い》

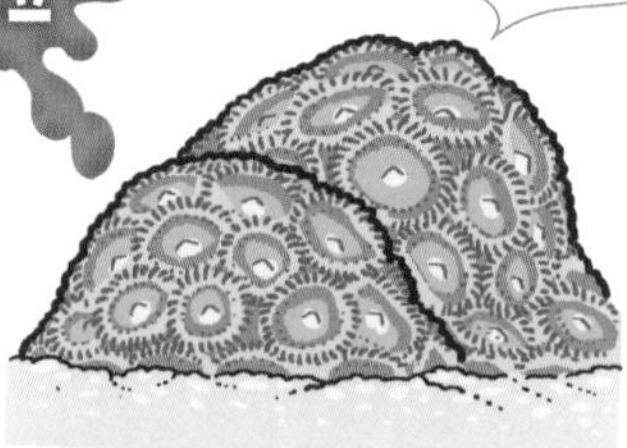
1位《い》なんて てれるなぁ

マウイイワスナギンチャク

ハワイの マウイとう ちかくで 見《み》られるよ。どくを もつ 生《い》きものの中《なか》では さいきょう!!

青《せい》さんカリの
100000ばいの もうどく

2位《い》

1びょうで 2メートルの はやさで およいで チクっと やるぜ

オーストラリアウンバチクラゲ

オーストラリアでは さされた 子《こ》どもが 1じかんで なくなる じこが おきて いるよ。

青《せい》さんカリの
10000ばいの もうどく

オレ、青《せい》さんカリ。
20キログラムの 人《ひと》なら
0.2グラムのむと、
のんだ人《ひと》の はんぶんが
しんじゃうよ

もうどく 生《せい》ぶつに なりきる!?

どくを もつ スズメバチに いろや もようが そっくりな こん虫《ちゅう》が います。スズメバチに にせて「じぶんは あぶないよ」と、アピールして、てきに たべられないようにしているのです。これを 「ぎたい」と いいます。

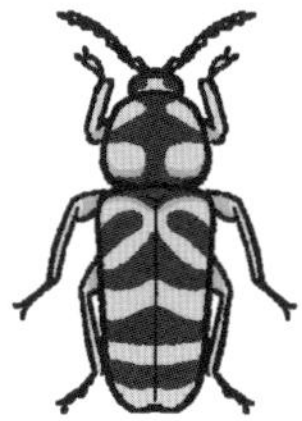

オオトラカミキリ

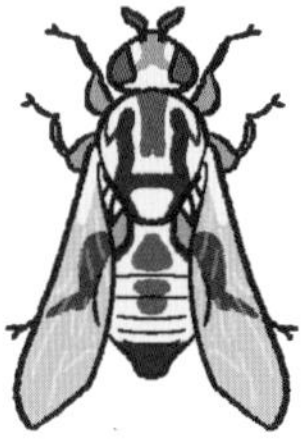

フトハチモドキバエ

スズキナガハナアブ

41位《い》

41位《い》だけど…
さされると
しんじゃうことも
あるから ちゅういしな

スズメバチ

すに ちかづく 人《ひと》を さすことがあるよ。すを 見《み》つけても 大《おお》きな 音《おと》を 出《だ》さないように しよう。

青《せい》さんカリの
4ばいの もうどく

3位《い》

オレの はねに
きを つけな!

ズグロモリモズ

どくを もつ こん虫《ちゅう》を たべて、どくを からだに たくわえる ことが できるよ。

青《せい》さんカリの
5000ばいの もうどく

しの おはなし

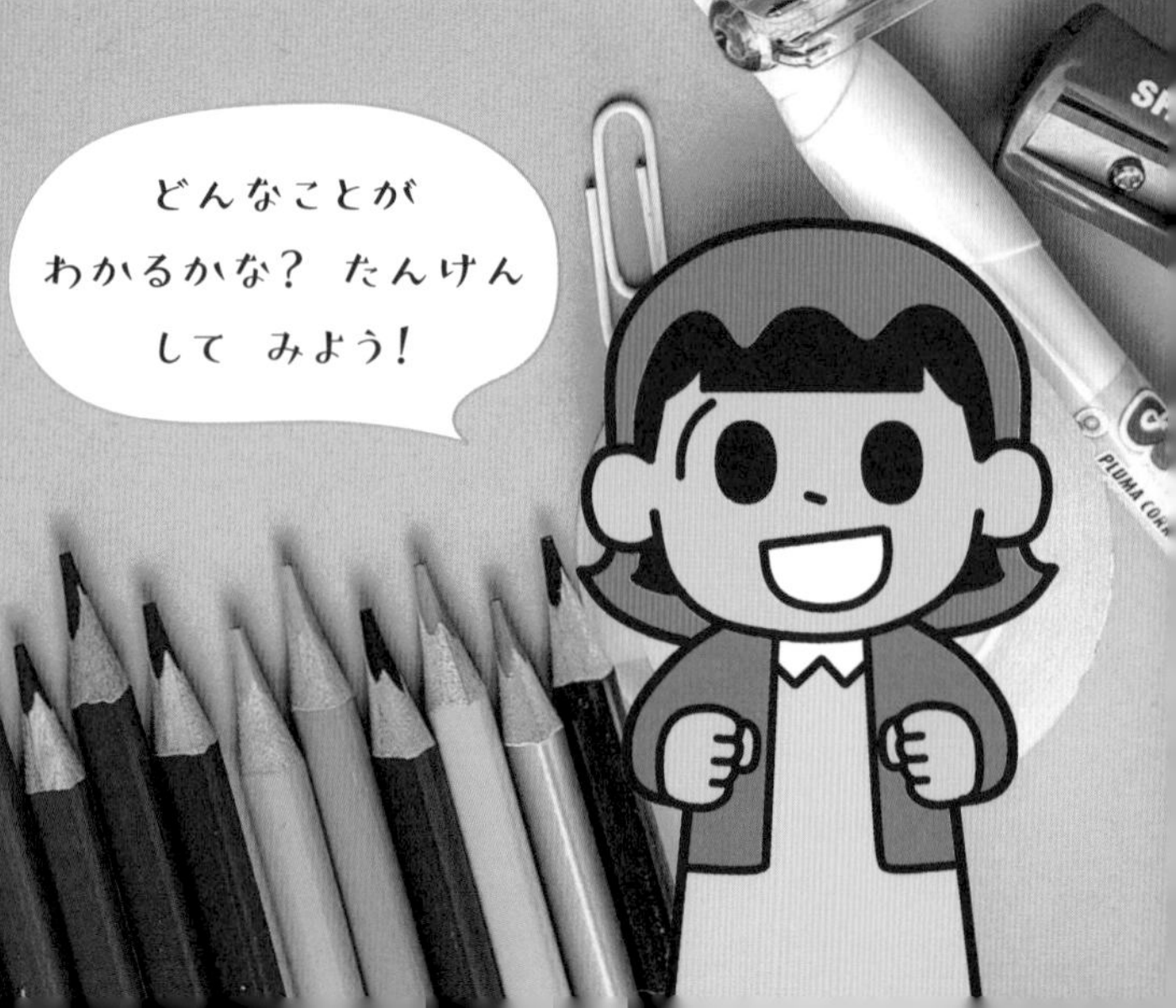
どんなことが
わかるかな？ たんけん
して みよう！

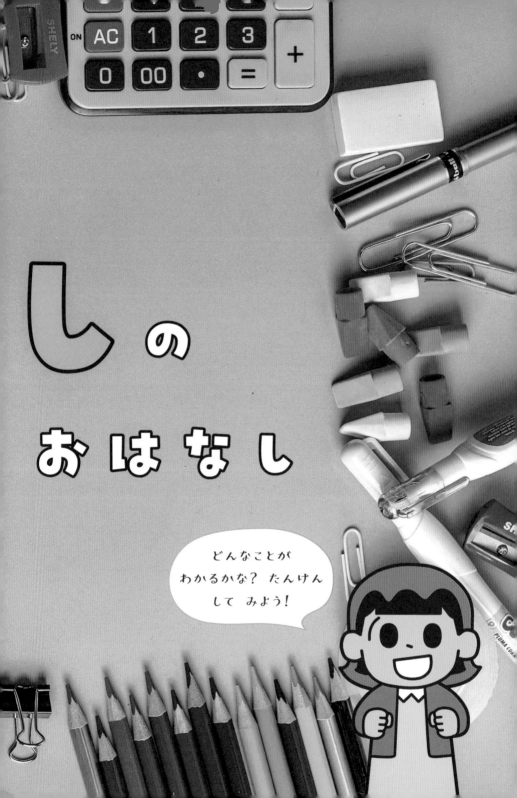

くら

のりもの、どうぐ、まいにち
つかっているものにも
ふしぎは　いっぱい！
まちや　いえの中《なか》などに
かくされた　ひみつを
しょうかいします。

くらし
の
おはなし

どうして レールの下《した》に 石《いし》が しいてあるの？

でん車《しゃ》の ひとつの 車《しゃ》りょうの おもさは、およそ 30トンにも なります。人《ひと》が のると、でん車《しゃ》は もっと おもくなります。

もし レールが じめんに ちょくせつ のっていたら、おもすぎて じめんに めりこんでしまいます。それを ふせぐために、レールの下《した》に 6センチメートルくら

レールを じめんに ちょくせつ しくと

でん車《しゃ》の おもみが ぜんぶ まくら木《ぎ》に かかるので、まくら木《ぎ》と レールが じめんに しずんでしまいます。

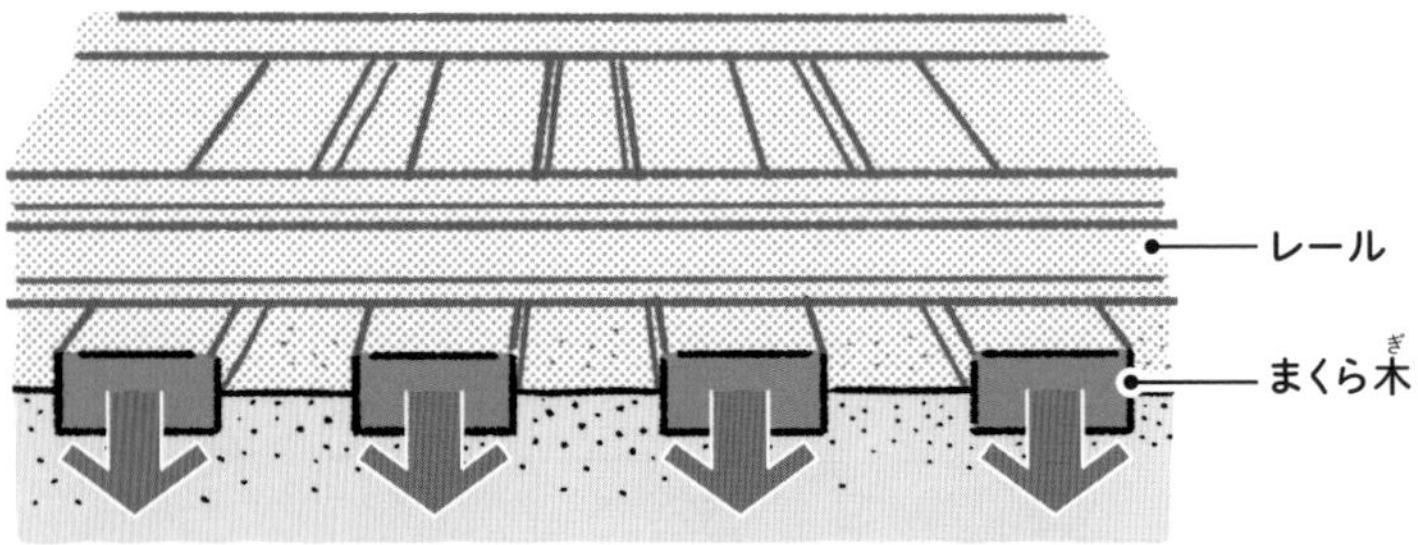

いの　ごつごつした　石《いし》を　しいています。この　石《いし》の　おかげで、でん車《しゃ》の　おもさを下《した》だけでなく　ななめにも　つたえて、一《いっ》かしょに　かかる　力《ちから》を　小《ちい》さくしているのです。

　さらに、石《いし》と　石《いし》の　あいだに　すきまがあることで　クッションのように　力《ちから》を　うけとめ、でん車《しゃ》の　ゆれを　おさえることも　できます。この　すきまは　でん車《しゃ》のはしる　音《おと》も　きゅうしゅうしてくれます。

石《いし》の　おかげで
うるさくないよ

レールの　下《した》に　石《いし》が　あると

でん車《しゃ》の　おもみが　いろいろな　ほうこうに
ちらばるので、レールは　しずみにくくなります。

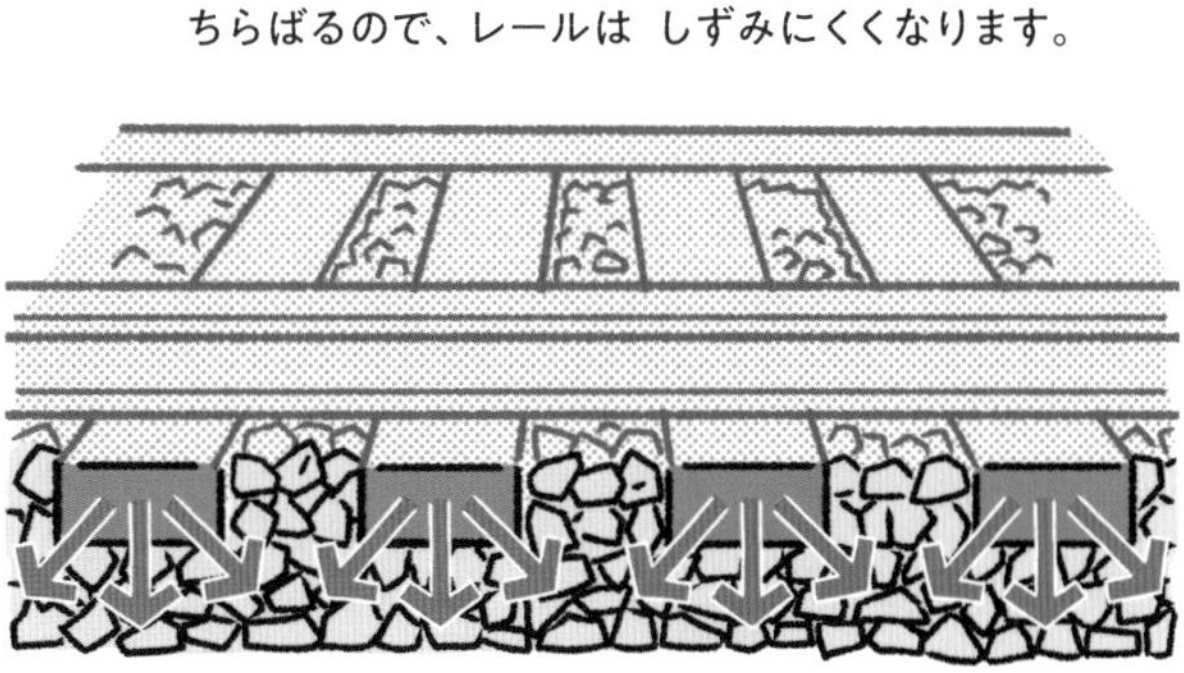

力《ちから》が あつまったときと ちらばったとき

力《ちから》が あつまって おもくなったり、力《ちから》が ちらばって かるくなったりする ばめんは、たくさん あります。

ゆきの 上《うえ》

ながぐつで あるくと、力《ちから》が ながぐつの そこに あつまるので、足《あし》が ゆきに うまってしまいます。でも スキーいたを はくと、ながい いたで 力《ちから》が ちらばるので、ゆきの上《うえ》を すすめます。

ふかく
しずんじゃう
すいすい
すべれるよ！

くつの ちがい

ハイヒールは じめんに つく ぶぶんが せまいので、力《ちから》が あつまります。でも、スニーカーは くつぞこが ひろいので 力《ちから》が ちらばって、ふまれても ハイヒールより いたくありません。

かかとで
ふまれると
いたいよ！

ひろいと
そんなに
いたくないよ

やってみよう！

かみコップ ドキドキじっけん

力《ちから》が　ちらばると、よわいものでも　おもいものを　ささえることが　できます。かみコップが　どれだけの　おもさに　たえられるか　ためしてみましょう。

ようういするもの かみコップ6こ、いた

1 かみコップ　6こに　ちょうせん！

かみコップを　右《みぎ》のように　ならべて　その上《うえ》に　いたを　おきます。しずかに　のってみましょう。

2 かみコップを　へらす

まん中《なか》の　れつの　2こを　とって　のれるか　どうか　ためしてみましょう。

3 1こだけに　チャレンジ！

さいごに　かみコップを　1こだけ　おいて　いたを　のせて、上《うえ》に　のってみましょう。

セロハンテープが くっつくのは なぜ？

セロハンテープを 手《て》で さわると ベトベトして います。この ベトベトの 「ねんちゃくざい」が くっつくもとです。

かみの つるつるしている ひょうめんには、じつは 目《め》に 見《み》えない 小《ちい》さな でこぼこが あります。セロハンテープを はると、ねんちゃくざいが かみの でこぼ

セロハンテープの しくみ

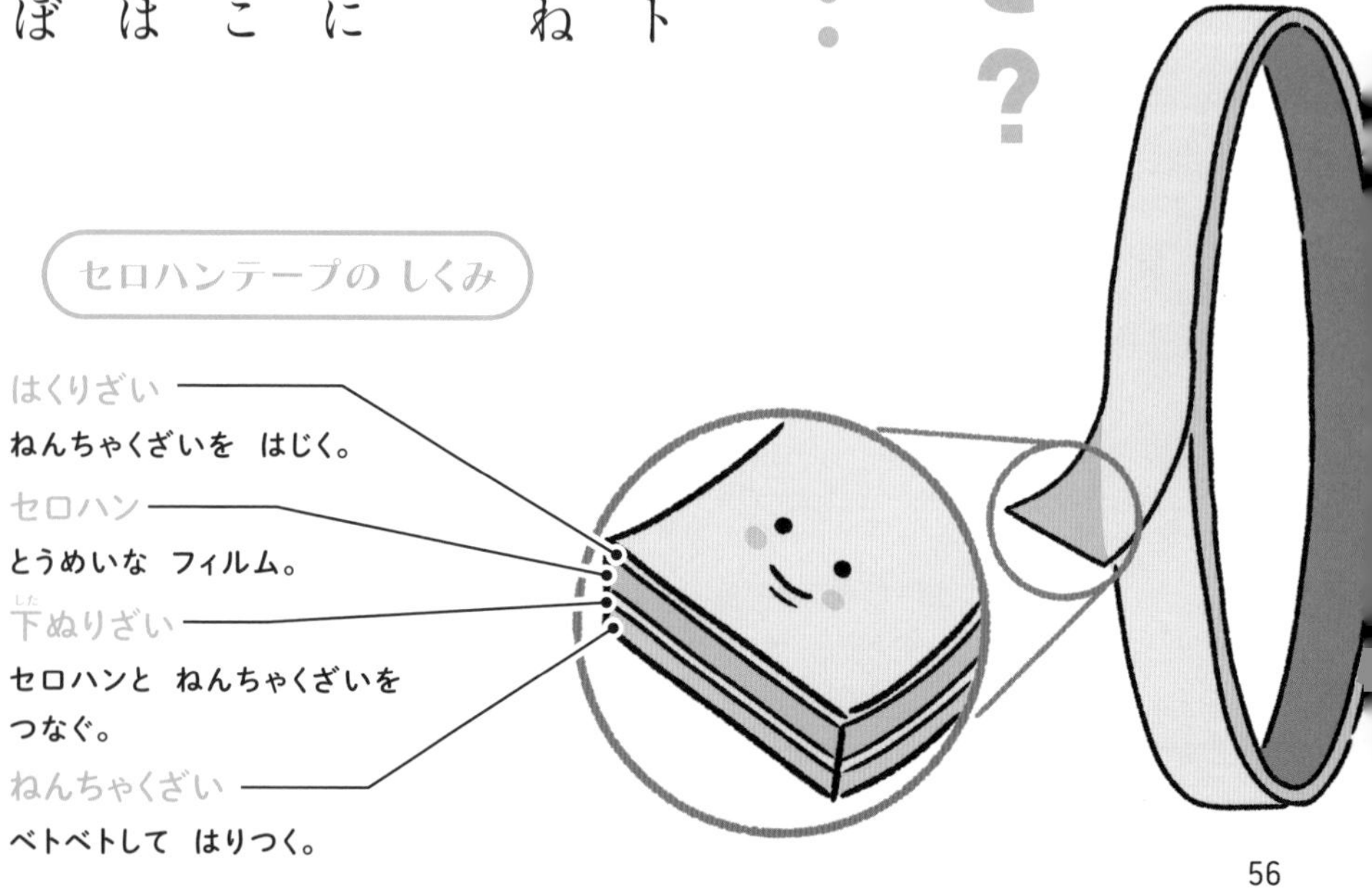
はくりざい
ねんちゃくざいを　はじく。
セロハン
とうめいな　フィルム。
下《した》ぬりざい
セロハンと　ねんちゃくざいを
つなぐ。
ねんちゃくざい
ベトベトして　はりつく。

こに　入《はい》りこむので、　セロハンテープがかみに　くっつくのです。
　はってはがせる　ふせんには、　さらに　くふうが　あります。　ふせんには　まるいボールのような　ねんちゃくざいが　つかわれています。　上《うえ》から　おすと、　ねんちゃくざいの　ボールが　つぶれて　ひろがり、でこぼこに　入《はい》りこみ　くっつきます。　はがすときは　ねんちゃくざいが　もとの　かたちに　もどります。　くっつく　力《ちから》が　よわくなるので、　はがれるのです。

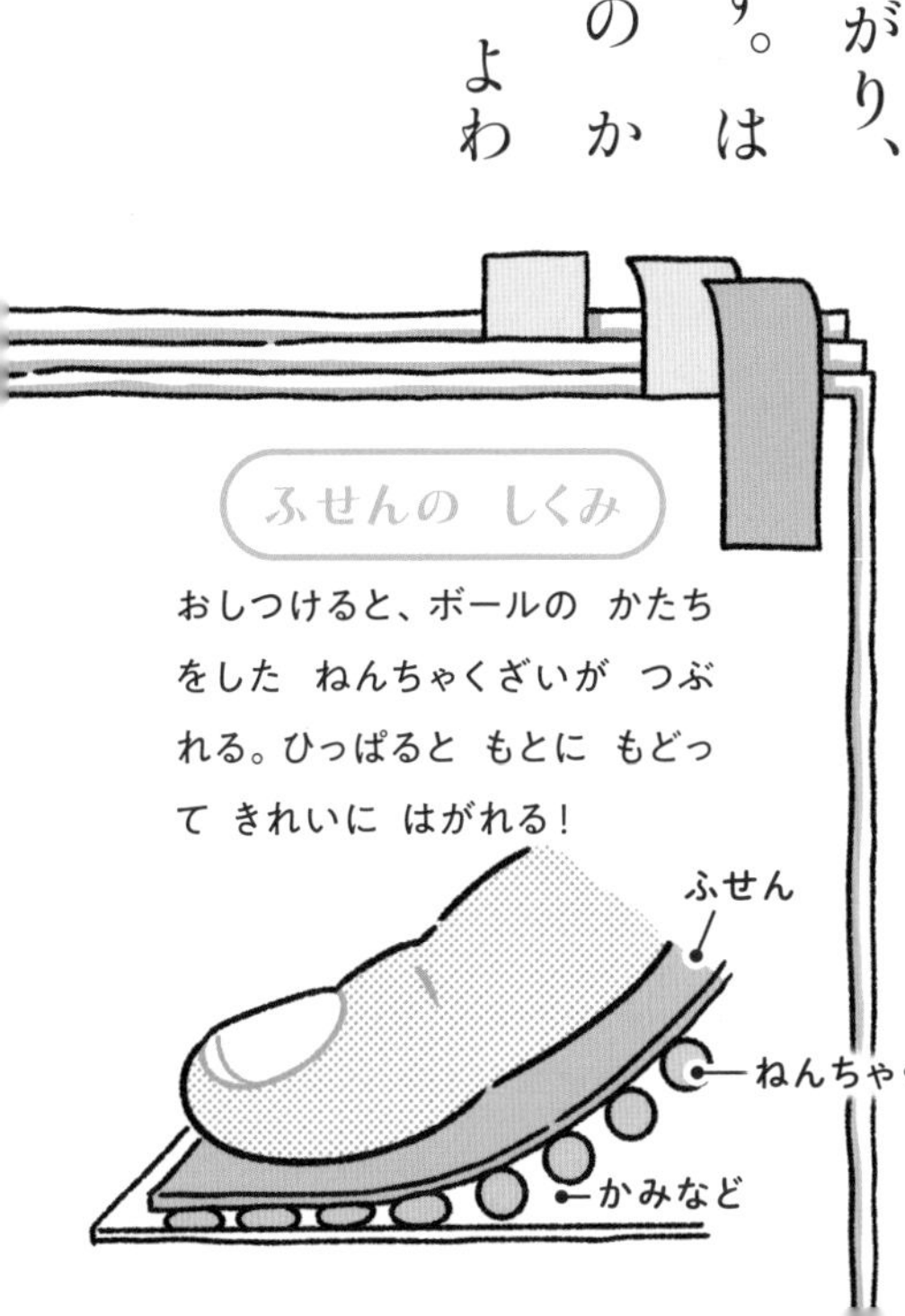
ふせんの　しくみ
おしつけると、ボールの　かたちをした　ねんちゃくざいが　つぶれる。ひっぱると　もとに　もどって　きれいに　はがれる！
ふせん
ねんちゃくざい
かみなど

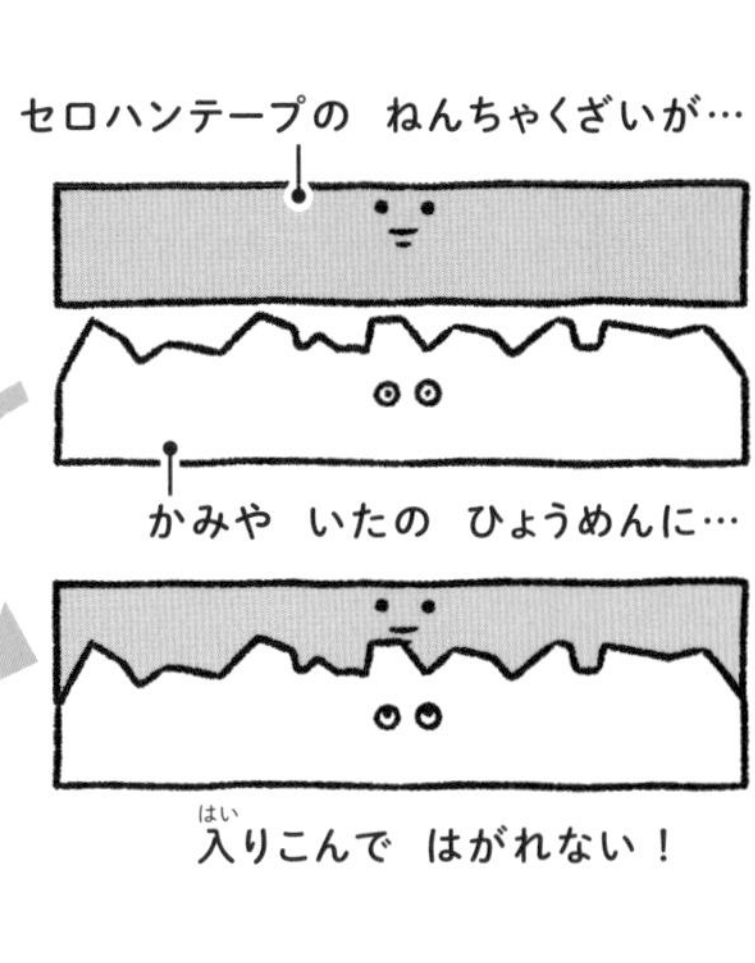
セロハンテープの　ねんちゃくざいが…
かみや　いたの　ひょうめんに…
入《はい》りこんで　はがれない！

くっつくもの 大《だい》しゅうごう！

みのまわりには　いろいろな　くっつきかたで
くっつくものが　たくさん　あります。
どんなものが　あるか　見《み》てみましょう。

ヤモリ

ヤモリの　あしには　こまかい　けが　びっしり　生《は》えています。ものの　ひょうめんに　ある　小《ちい》さな　でこぼこに　けが　ぴったり　はまって　くっつきます。

オナモミ

オナモミは　とげの　先《さき》が　まがっています。この　ぶぶんが　ふくや　どうぶつの　けに　からまって　くっつきます。

めんファスナー

かたほうに　小《ちい》さい　フック、もうかたほうに　小《ちい》さい　わが　たくさん　ついています。フックと　わが　ひっかかることで　くっつきます。

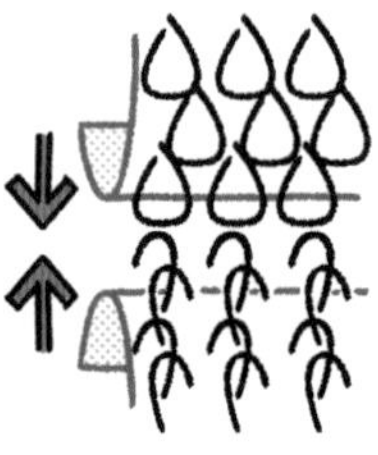

しゅんかん せっちゃくざい

せっちゃくざいが、空気中《くうきちゅう》や ものの ひょうめんに ある ほんのすこしの 水《みず》と はんのうすることで くっつきます。

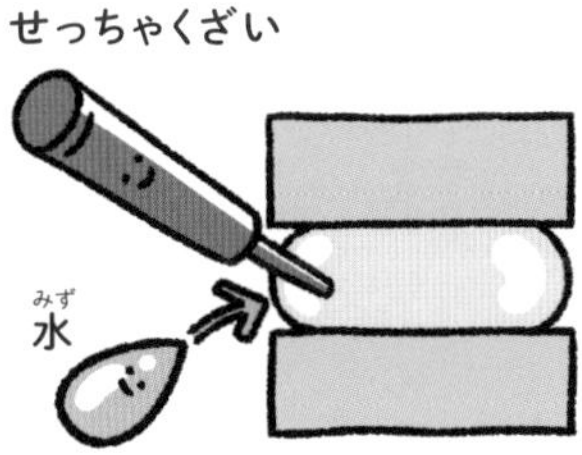

きゅうばん

ぎゅっと おしつけると、きゅうばんと ものとの あいだに あった 空気《くうき》が すくなくなります。すると、きゅうばんの そとに ある 空気《くうき》の 力《ちから》で おさえつけられて くっつきます。

くらし の おはなし

しんかんせんは どうして はやく はしれるの？

まず、カーブが すくなく、あっても ゆるやかだからです。カーブが おおいと、はやく はしるのは むずかしくなります。また、せんろが たかい さくに かこわれていて、どうぶつや 人《ひと》が 入《はい》ってくる しんぱいを せずに そくどを 上《あ》げる ことが できます。

たかいはし
「こうかきょう」を はしる
どうろと まじわらないので ふみきりも ないよ！

かたちも　くふう　されています。

のりものが　はしる　ときは　空気《くうき》を　おしのけて　すすみます。でん車《しゃ》のように　先《せん》とうが　しかくい　かたちだと、たくさん空気《くうき》に　あたってしまい　はやく　はしることが　できません。

しんかんせんは　先《せん》とう車《しゃ》りょうを　まるく　ほそながい　かたちに　することで　空《くう》気《き》を　うしろに　うけながします。空気《くうき》にあたる　ところを　すくなくする　ことではやく　はしれるのです。

せんとうが　ほそながい
カーブが　ゆるやか
たかい　さく

まだあるぞ！ しんかんせんの ひみつ

のりごこちが　よく、かんきょうにも　やさしい。
そんな　しんかんせんの　ひみつを　見《み》てみましょう。

大《おお》きな 音《おと》を ふせぐ ながい はな

もし、しかくい　かたちの　でん車《しゃ》が　こうそくで　トンネルに　入《はい》ると、空気《くうき》が　おされて　大《おお》きな音《おと》が　出《で》てしまいます。しんかんせんは、ほそながい　はなで　空《くう》気《き》を　うけながすことで、大《おお》きな音《おと》を　ふせいでいます。

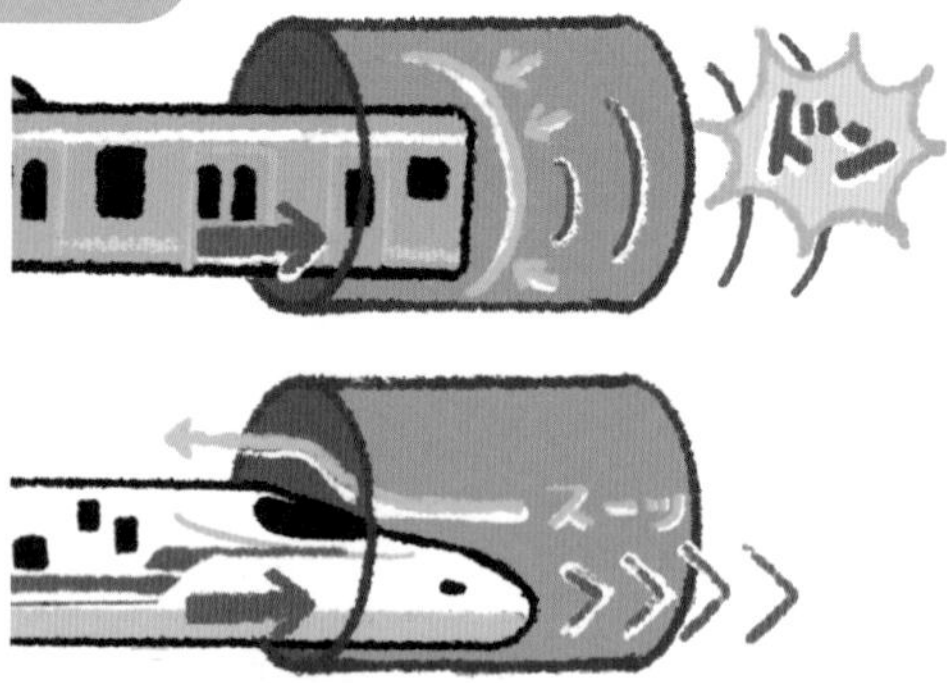

車《しゃ》りょうと 車《しゃ》りょうを つなぐ れんけつき

たくさんの　人《ひと》や　にもつを　むだなく　はこぶため、東北《とうほく》しんかんせんや　山形《やまがた》しんかんせん、秋《あき》田《た》しんかんせんは、いき先《さき》の　わかれるところまで　れんけつしてはしります。

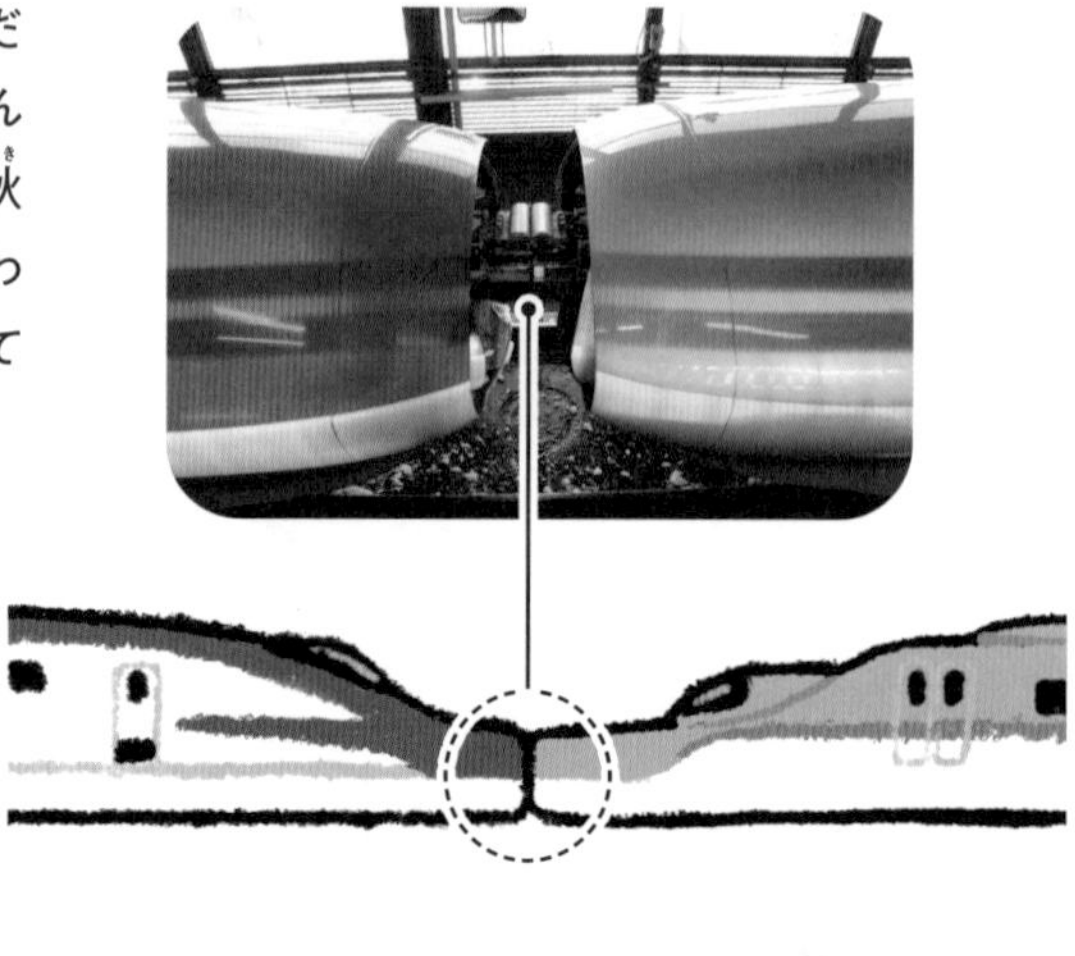

とくべつな トイレ

空《くう》気《き》の力《ちから》を つかって すいこみます。においも いっしょに すいこむので においが おさえられます。

ゆきを ふきとばす スカート

ゆきが おおい ちいきを はしる しんかんせんには、先《せん》とう車《しゃ》りょうの 下《した》に 「スノープラウ」という スカートのような ひだが ついています。スノープラウが ゆきを かきわけるので、すこしの ゆきなら ものともせずに はしれます。

きいろい！ ドクターイエロー

せんろの てんけんや こうじをする車《しゃ》りょうの おおくは、よるに さぎょうを しても 目《め》立《だ》つように、きいろです。せんろや かせんを てんけんしながら はしる 「ドクターイエロー」も、きいろい 車《しゃ》たいです。

花《はな》火《び》は どうして きれいなの？

赤《あか》、青《あお》、きいろ、みどり。いろとりどりの ひかりが よぞらに かがやく うちあげ花《はな》火《び》は、きれいですね。いろが かわり、キラキラと ひかる 手《て》もち花《はな》火《び》も あります。

どちらの 花《はな》火《び》も、その きれいな いろは、花《はな》火《び》の中《なか》に 入《はい》っている 金《きん》ぞくの おかげです。金《きん》ぞくは しゅるいによって もえるときの いろ

金《きん》ぞくの しゅるいと いろ

だいだい
（カルシウム）

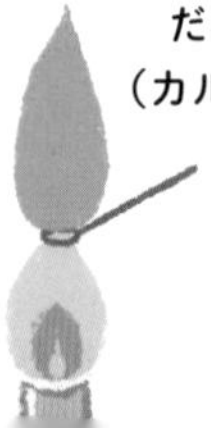

ふかい赤《あか》
（ストロンチウム）

きみどり
（バリウム）

が　ちがいます。たとえば、ナトリウムは　きいろ、どうは　青《あお》みどりです。金《きん》ぞくを　うまく　まぜることで　きれいな　いろが　つくられます。

うちあげ花火《はなび》は、火《か》やくを　ばくはつさせて　金《きん》ぞくを　とびちらせています。いろが　とちゅうで　かわるのは、すこしずつ　ちがう　金《きん》ぞくが　もえているからです。アルミニウムや　マグネシウムという　金《きん》ぞくを　つかうと、つよく　かがやく　花火《はなび》が　できます。

カラフルで
とっても
きれい！

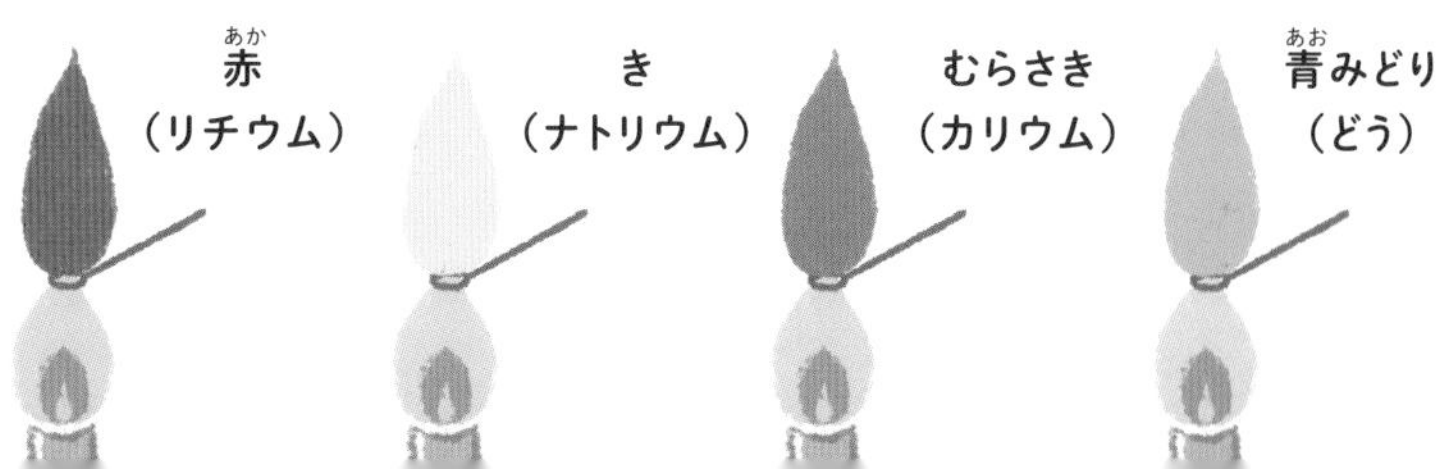
赤《あか》
（リチウム）
き
（ナトリウム）
むらさき
（カリウム）
青《あお》みどり
（どう）

花《はな》火《び》玉《だま》の中《なか》を のぞいてみよう

うちあげ花《はな》火《び》は、よこからでも、上《うえ》や　下《した》からでも
おなじように　まるく　見《み》えます。
その　ひみつは　花《はな》火《び》玉《だま》の中《なか》に　あったのです。

花《はな》火《び》玉《だま》の　しくみ

花《はな》火《び》の　見《み》えかた

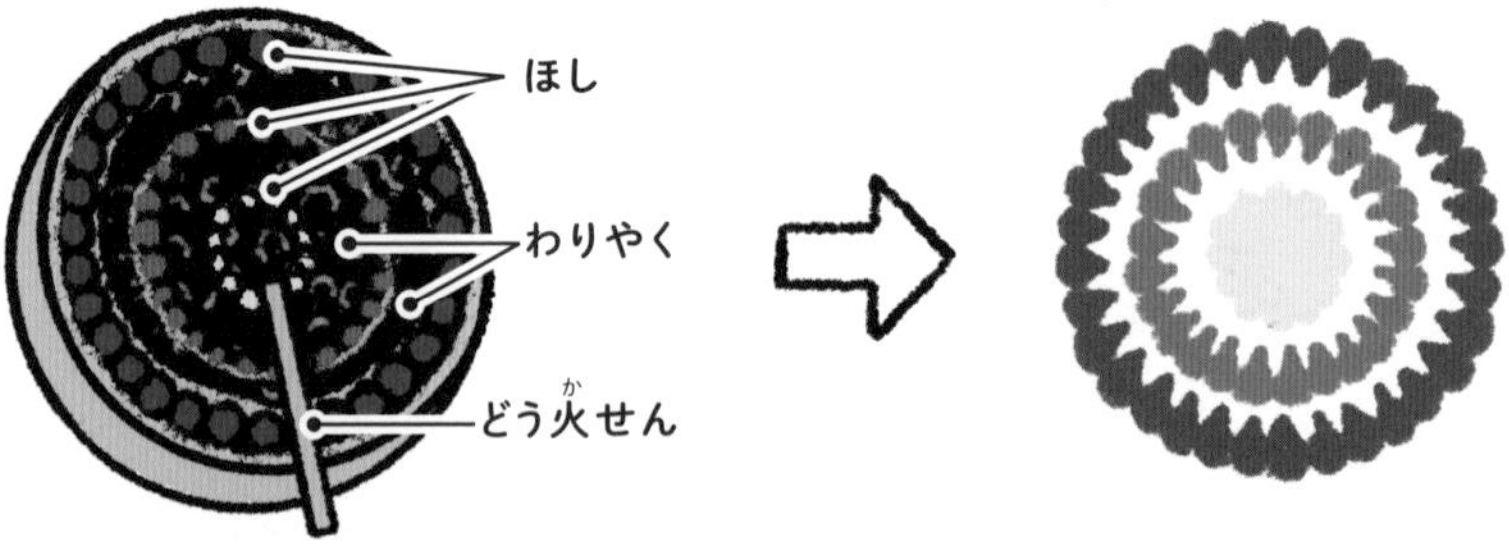
ほし
わりやく
どう火《か》せん

上《うえ》から
よこから
下《した》から

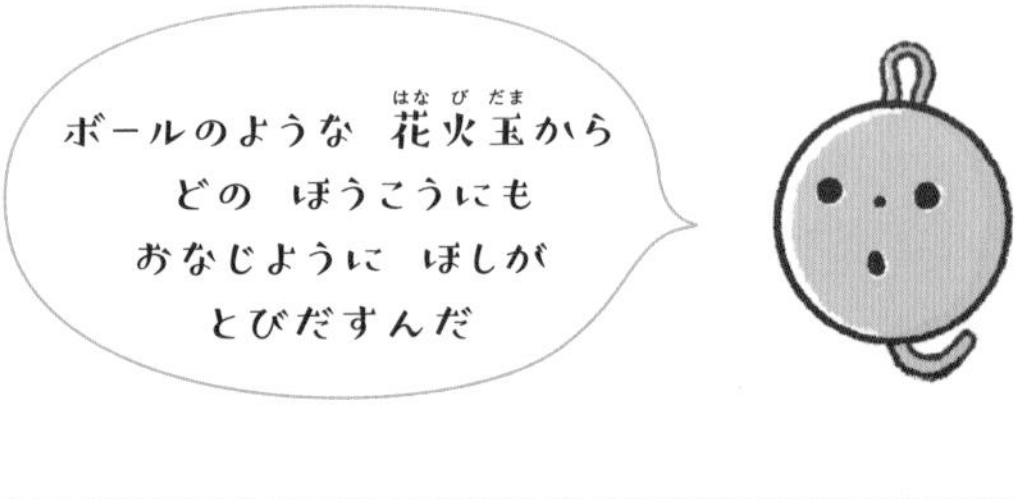
ボールのような　花《はな》火《び》玉《だま》から
どの　ほうこうにも
おなじように　ほしが
とびだすんだ

ハートがた 花火《はなび》の しくみ

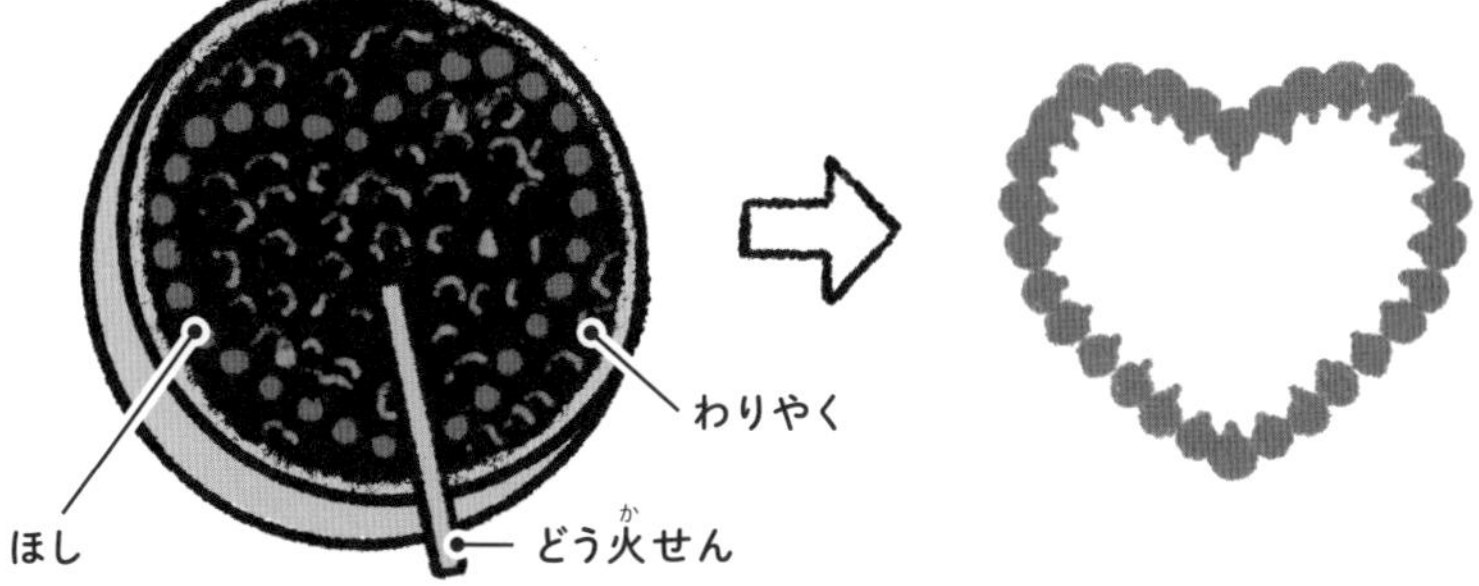
わりやく
ほし
どう火《か》せん

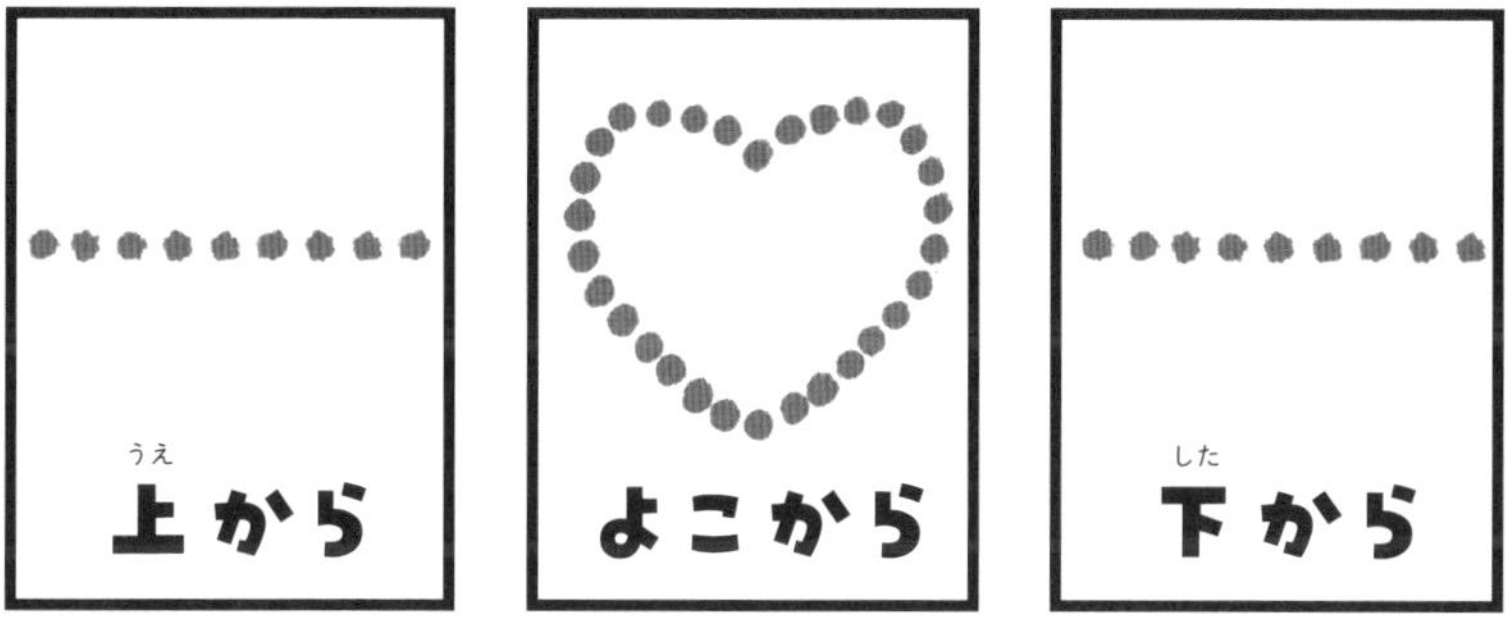
上《うえ》から
よこから
下《した》から

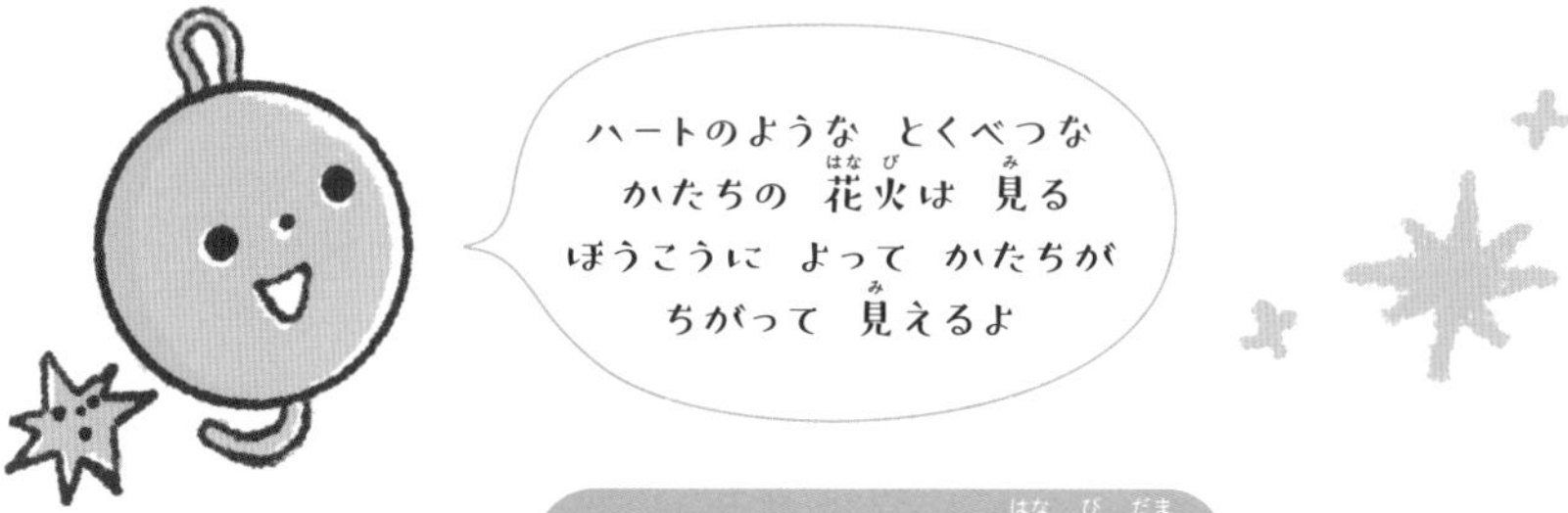
ハートのような とくべつな
かたちの 花火《はなび》は 見《み》る
ぼうこうに よって かたちが
ちがって 見《み》えるよ

まるくない!? 花火玉《はなびだま》

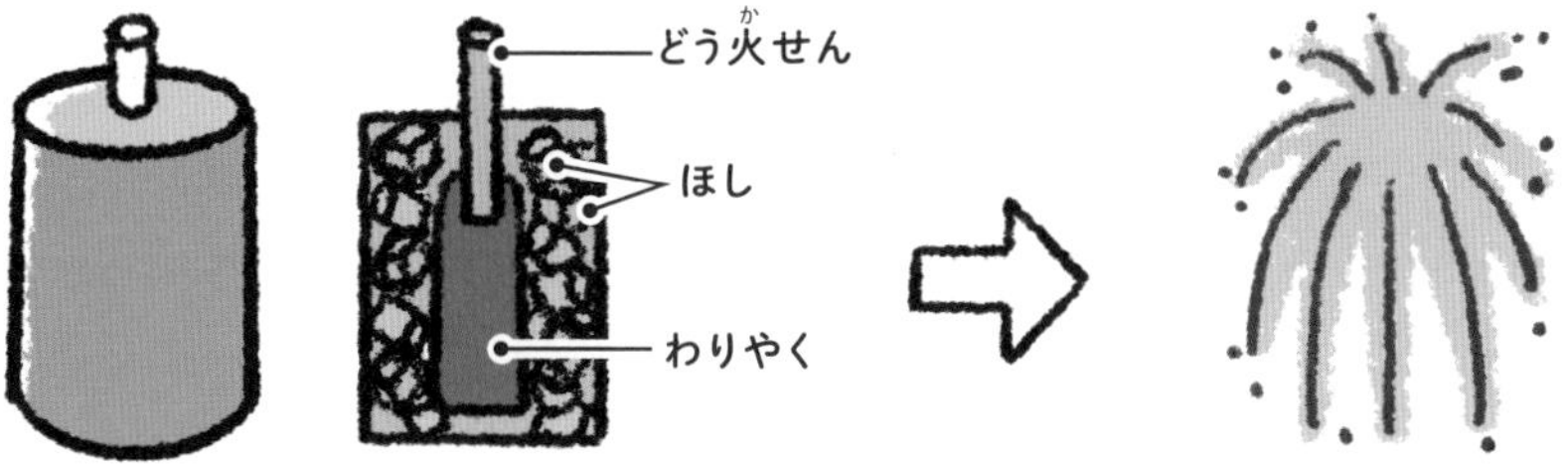
どう火《か》せん
ほし
わりやく

がいこくで つくられる 花火玉《はなびだま》は まるい つつみたいな かたちを しているものが おおいです。

くらし
の
おはなし

やわらかい　かんと　かたい　かんが　あるのは　なぜ？

やわらかい　かんは「アルミニウム」という　金《きん》ぞくから　できています。アルミかんは　かるくて　もちはこび　しやすいのですが、つぶれやすいです。のむと　口《くち》の中《なか》が　しゅわしゅわする、たんさんの　のみものに　おおく　つかわれて　います。ふきだす　あわの力《ちから》が　うちがわから　かんを　おすので、あけなければ　つぶれません。
かたい　かんは「スチール」で　できています。「てつ」とも　いいます。コーヒーや　おちゃは、しょうどく　するために　かんに　つ

アルミかん
なかみが　たんさん
だと　つぶれ
にくいんだ！
たんさん

スチールかん
つよい　力《ちから》や
ねつが　くわわっても
へっちゃら！

よい　力《ちから》や　ねつを　くわえる　ひつようが　あります。そのため、じょうぶな　スチールかんが　おおく　つかわれています。

いまでは　つくりかたが　くふうされ、のみものの　しゅるいにかぎらず　どちらのかんも　つかわれるように　なっています。

つかいやすいから 大《だい》かつやく！ 金《きん》ぞくの すごさ

アルミニウムも スチールも 金《きん》ぞくの なかまです。
さまざまな とくちょうが あり、ひろく つかわれています。

すべての 金《きん》ぞくに ある とくちょう

ねつを つたえる

みがくと ひかる

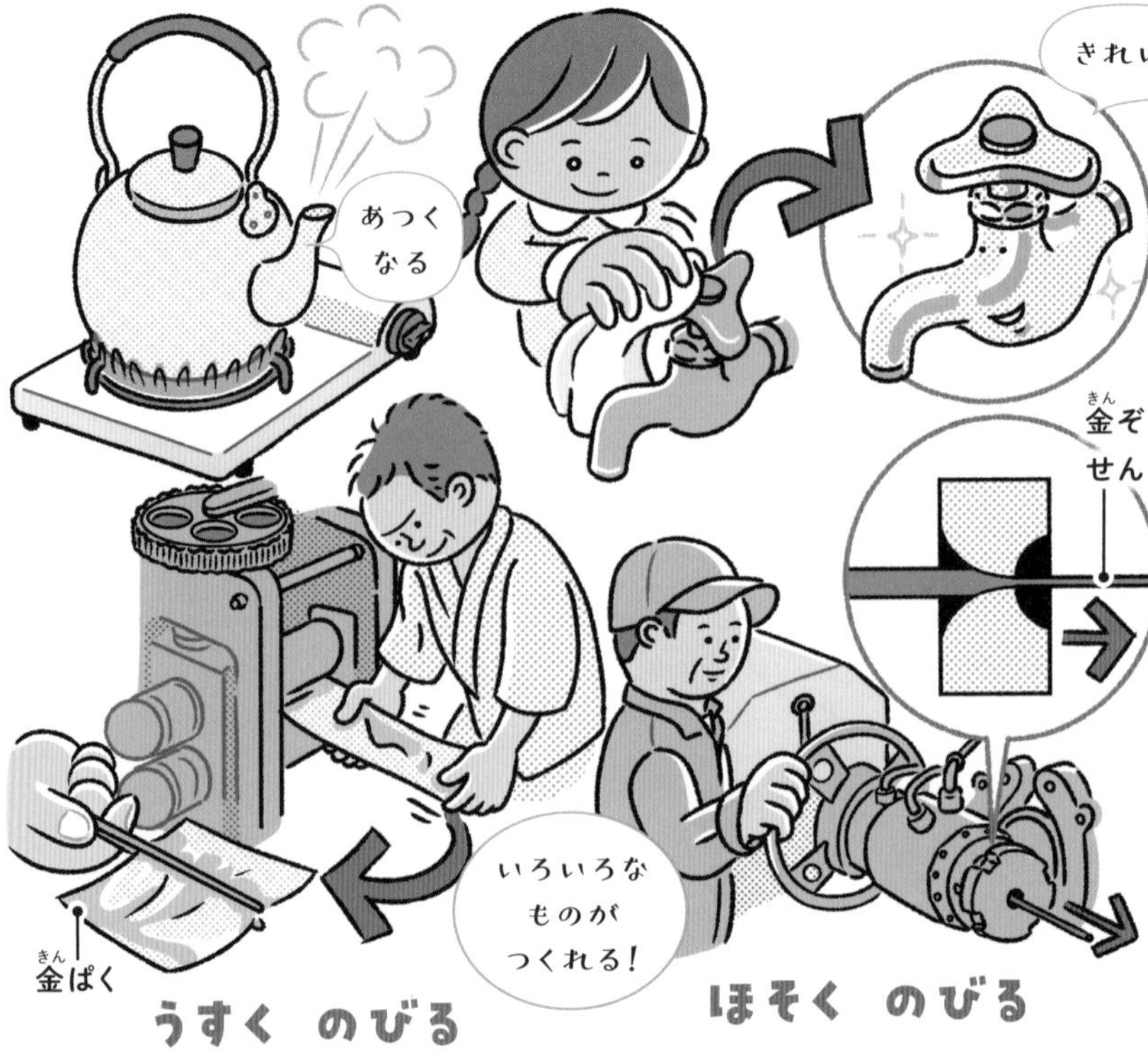

うすく のびる

ほそく のびる

こんな 金《きん》ぞくが つかわれている!

金《きん》

ちがう せいしつの
ものに なりにくく、
きいろく かがやく。

アクセサリー
きれいだから
アクセサリーにも

てつ(スチール)

かたい。じしゃくに
くっつく。

レール
フライパン
あつい りょうりに
ぴったり!

ぎん

でんきを よくとおし、
白《しろ》く かがやく。

フォークやスプーン
アクセサリー

チタン

かるくて つよく、
さびにくい。

めがねの
フレーム
ほそい!
ゴルフクラブ

どう

でんきを よくとおし、
赤《あか》く かがやく。

10
令和元年
10円玉《えんだま》
どうぞう

アルミニウム

かるくて やわらかい。

1円玉《えんだま》
1
令和元年

アルミホイル
うすい!

どうして カイロは あたたかくなるの？

つかいすてカイロは、ふくろを あけて しばらくすると かってに あたたかくなります。なぜでしょう。

カイロの中《なか》には てつの こなと 水《みず》、しおなどが 入《はい》っています。てつは 水《みず》が あるところに おいておくと さびる せいしつが あります。てつぼうや ブランコの

カイロの　なかみは…
かっせいたん
すきまに 空気《くうき》を ためて
てつに さんそを あたえます。
しお
ほ水《すい》ざい
中《なか》に 水《みず》を ためて てつに
水《みず》を きゅうしゅうさせます。
水《みず》
てつの
こな

くさりなどの　てつが　さびているのは　雨《あめ》に　ぬれて　しまったからです。

てつは　さびるときに　ねつが　でます。

でも、ゆっくり　さびるときは　あつく　なりません。カイロでは　てつを　こまかい　こなにすることで　はやく　さびるように　くふう　しています。だから、ふくろを　あけると、水《みず》と　てつが　すぐに　空気《くうき》と　はんのうして　さびが　はじまり、あたたかく　なるのです。しおは　さびるのを　たすける　はたらきを　しています。

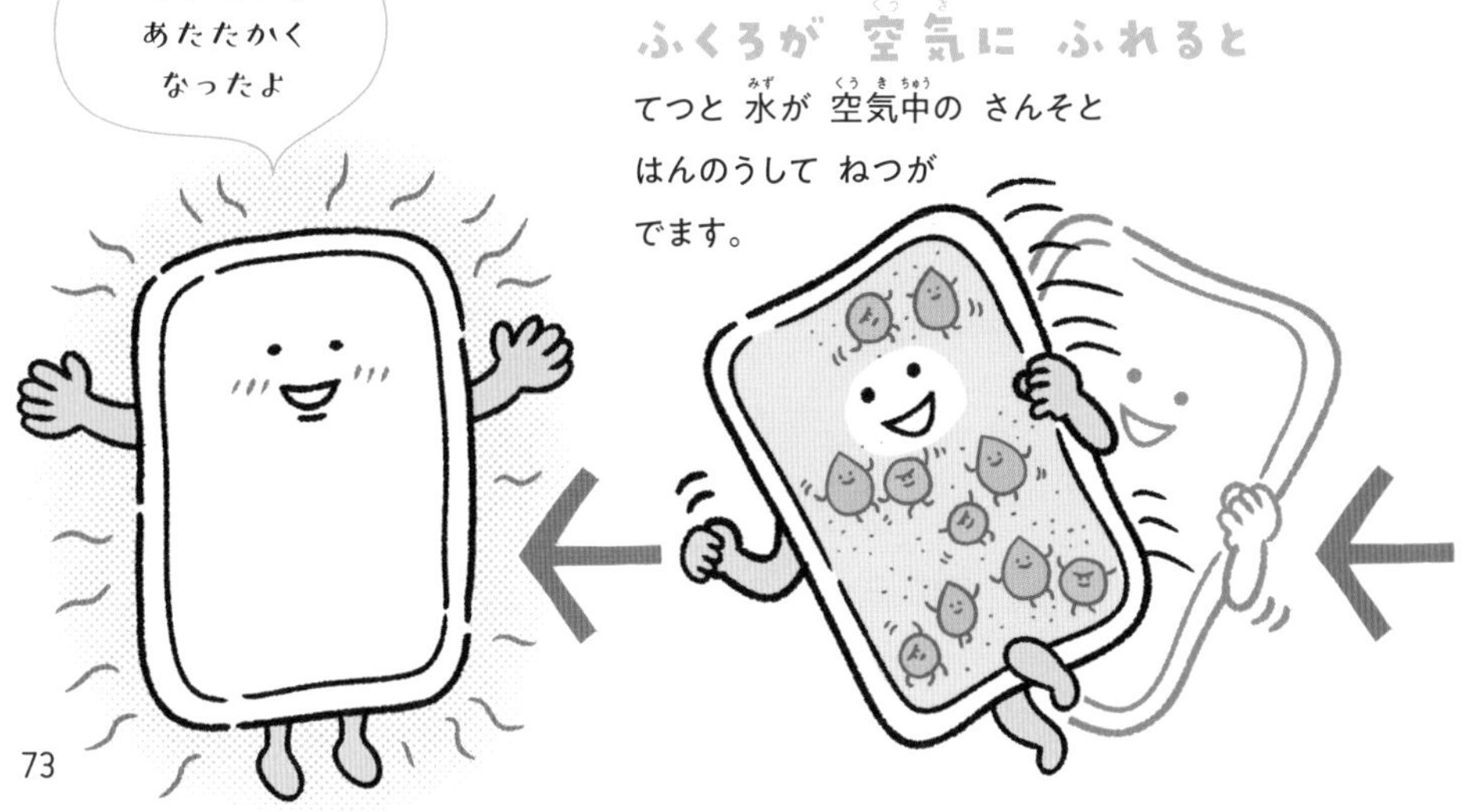
ぽかぽか！
あたたかく
なったよ

ふくろが　空気《くうき》に　ふれると

てつと　水《みず》が　空気中《くうきちゅう》の　さんそと
はんのうして　ねつが
でます。

かがくはんのうを つかったものを さがせ！

カイロの てつが さびるのは、ものの せいしつが かわる 「かがくはんのう」の ひとつです。
かがくはんのうは わたしたちの みぢかな ところで つかわれています。

にゅうよくざい

にゅうよくざいに ふくまれる たんさんガスが はだから けっかんの中《なか》に 入《はい》りこむと、けっかんが ひろがって ちの めぐりが よくなります。このため、おふろの ねつが からだじゅうに つたわって ポカポカあたたまるのです。

おふろに 入《はい》るまえ
入《はい》った すうふんご
たんさんガス
ひふ
けっかん
さんそ

ベーキングパウダー

ねつを くわえると にさんかたんそが 出《で》ることを りようして、ホットケーキや ケーキの スポンジを ふくらませるのに つかわれています。

ねつがくわわり、ふくらむ！
ベーキング
パウダー

キシリトール

キシリトールには、水《みず》に とけるとき 水《みず》の おんどを 下《さ》げる せいしつが あります。人《ひと》の あせなどの 水《すい》ぶんと キシリトールが はんのうして ひんやりと かんじられる まくらカバーや シーツなどが つくられています。

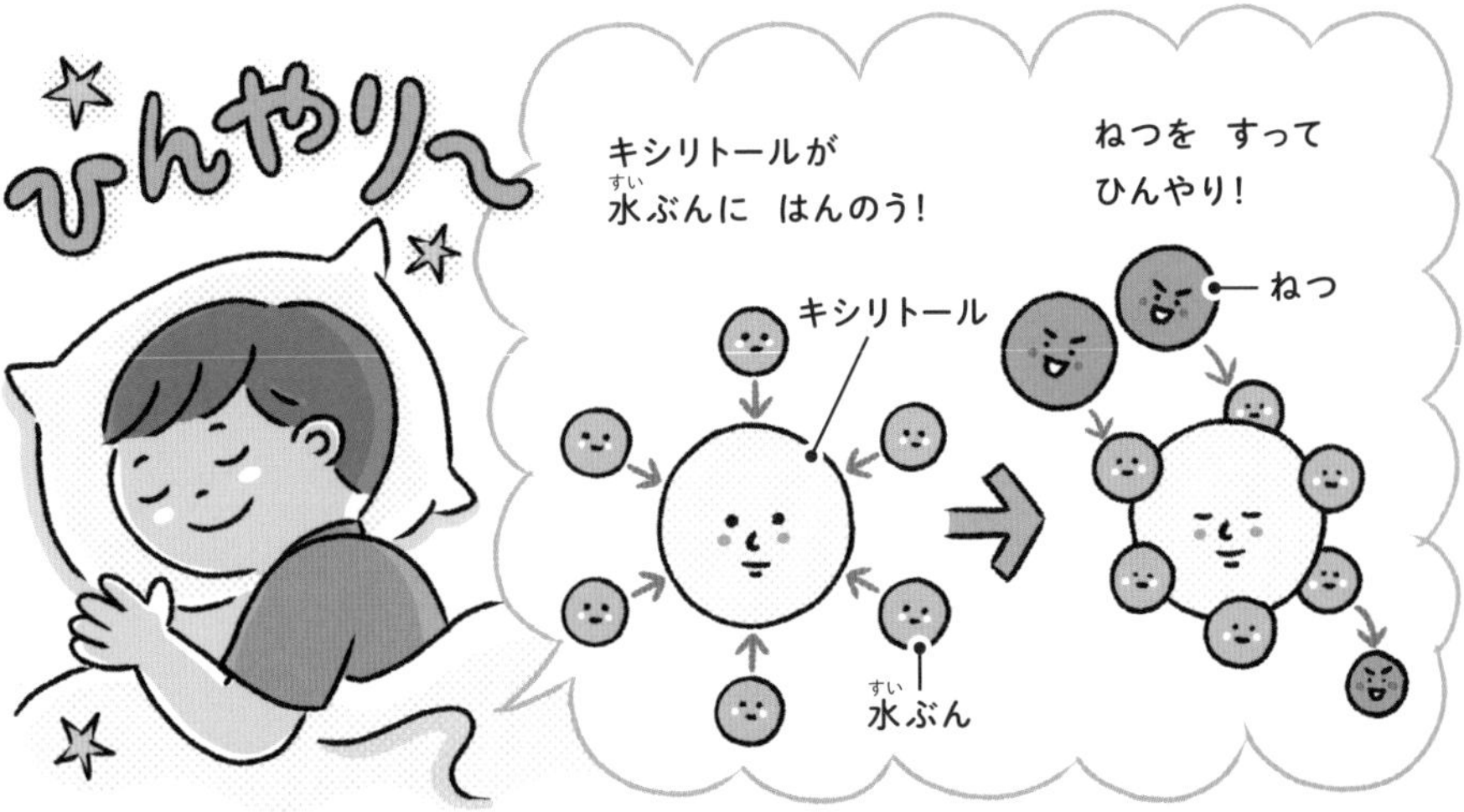

ひんやり〜
キシリトールが
水《すい》ぶんに はんのう！
ねつを すって
ひんやり！
キシリトール
ねつ
水《すい》ぶん

くらしのおはなし

ダンボールは なぜ おもいものを 入《い》れても へいきなの？

ダンボールが じょうぶな りゆうは、その かたちに あります。

ダンボールの だんめんを 見《み》てください。かみと かみの あいだに、なみうつ もう1まいのかみが 入《はい》っていますね。この なみの かたちのおかげで、かかる 力《ちから》が ちらばるので、ダンボールは おもいものを 入《い》れても こわれ

ダンボールの だんめん

はし
みんな 三《さん》かくを
つかった
かたちだね

ないのです。

この かたちは トラスこうぞうと よばれます。タワーや はしなど、大《おお》きな 力《ちから》が かかる ばしょでも つかわれています。

ダンボールの中《なか》には、あいだに はちの すの ような かたちの かみが 入《はい》ったものも あります。この かたちは さらに じょうぶです。

東京《とうきょう》タワー
三《さん》かくが たくさん
くみあわさってる!

大《おお》きな 力《ちから》が かかっても
力《ちから》が ちらばる!

こんなに すごいぞ！ダンボール

ダンボールには おもい ものを 入《い》れて はこべるだけではなく、いろいろな つかいかたや とくちょうが あります。

① あたたかい

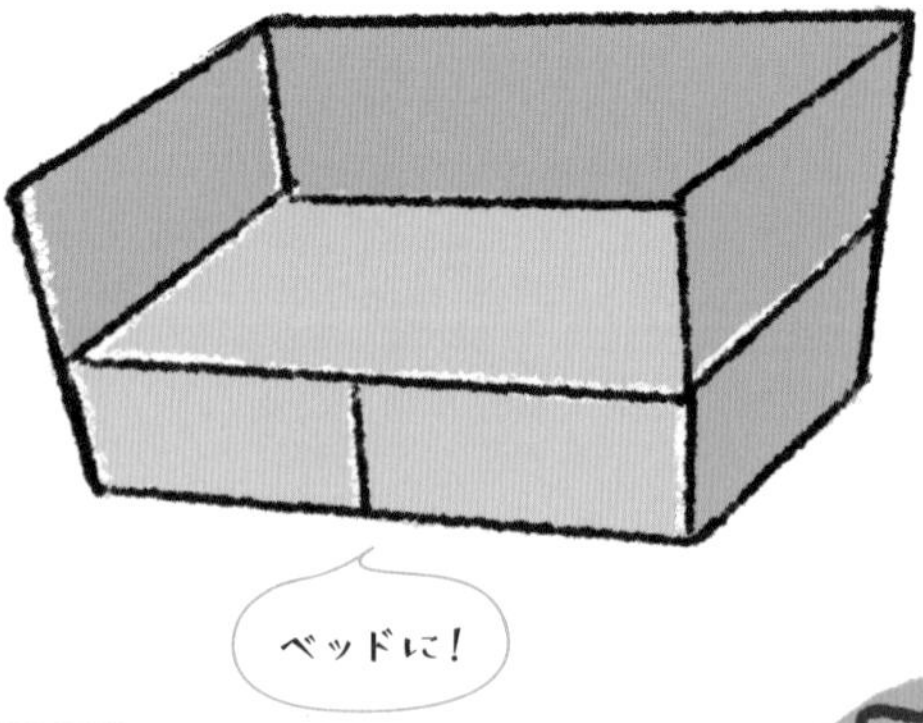

ダンボールは、かみと かみの あいだに 空気《くうき》の そうが あって、あたたかさを たもつ せいしつが あります。このため さいがいの ときに ひなんじょで ダンボールで つくった ベッドが つかわれる ことも あります。

② いろいろな かたちに へんしん

入《い》れるものの サイズに あわせて いろいろな かたちに へんしんできます。あけると しなものを ならべるための たなとして つかえるものも あります。

❸ なんども　生《う》まれかわる

いちど　つかった　ダンボールも、リサイクルに
出《だ》せば　なんどでも　つかえます。

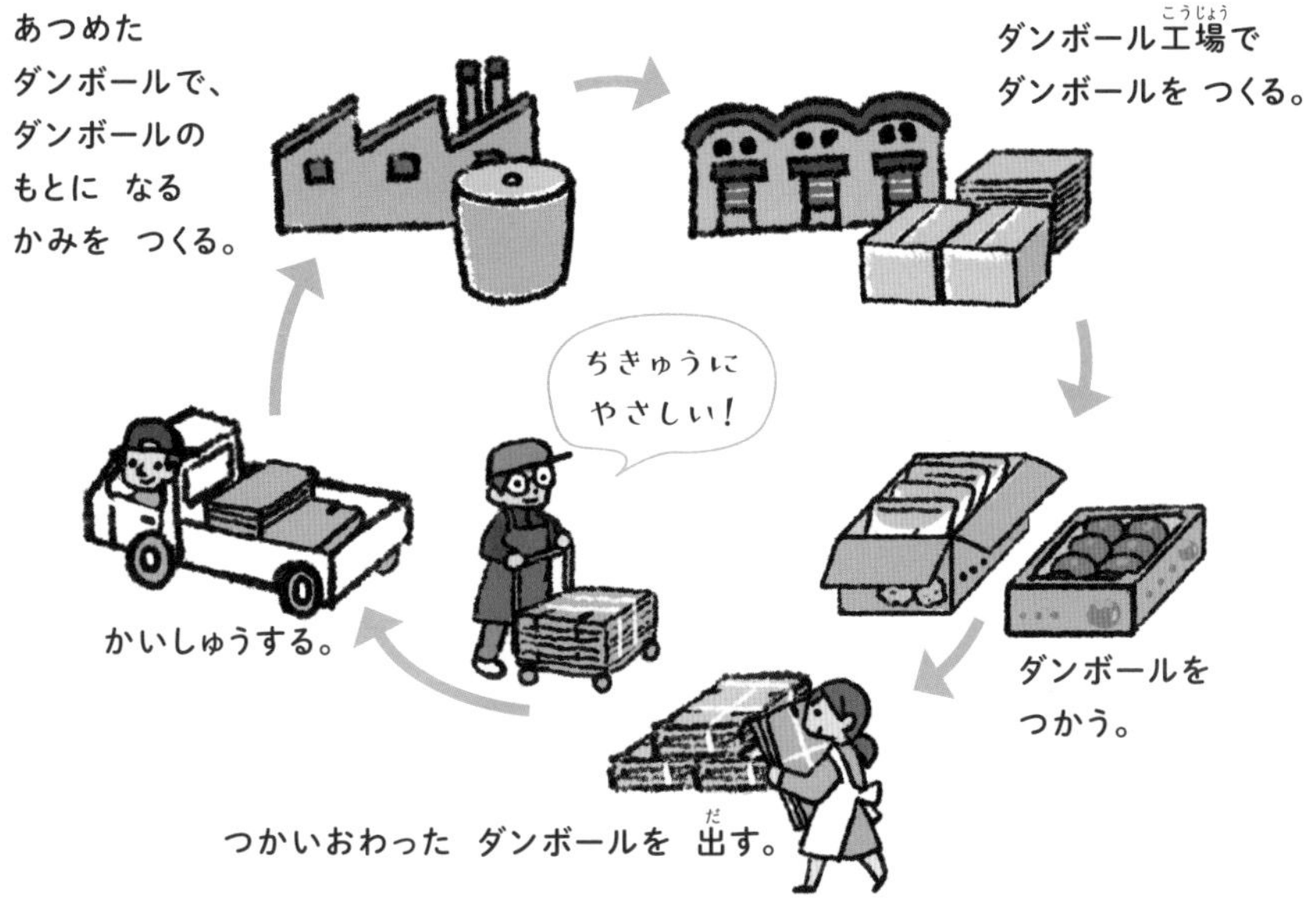

あつめた
ダンボールで、
ダンボールの
もとに　なる
かみを　つくる。
ダンボール工場《こうじょう》で
ダンボールを　つくる。
ダンボールを
つかう。
つかいおわった　ダンボールを　出《だ》す。
ちきゅうに
やさしい！
かいしゅうする。

こんな ダンボールも あるよ！

水《みず》を　はじく

ひょうめんに　水《みず》を　はじく　かこうをした　ダンボールは　れいとうしょくひんや　さかなを　はこぶときに　つかわれます。

火《ひ》に　つよい

もえにくい　かこうを　した　ダンボールは　ひなんじょで　しきりにも　つかわれます。

くらし の おはなし

トイレットペーパーと ティッシュの ちがいは？

トイレットペーパーは、水《みず》に 入《い》れると せんいが ばらばらになります。でも、ティッシュペーパーは、はな水《みず》を かんでも せんいが ばらばらには なりません。それは ざいりょうが ちがうからです。

どちらも つくりかたは にています。まず 木《き》を こまかく くだき、あつい おん

木《き》を くだいてできた チップから パルプという かみの もとを つくる。
ドロ〜
パルプを とかす
シートにした パルプ
チップ

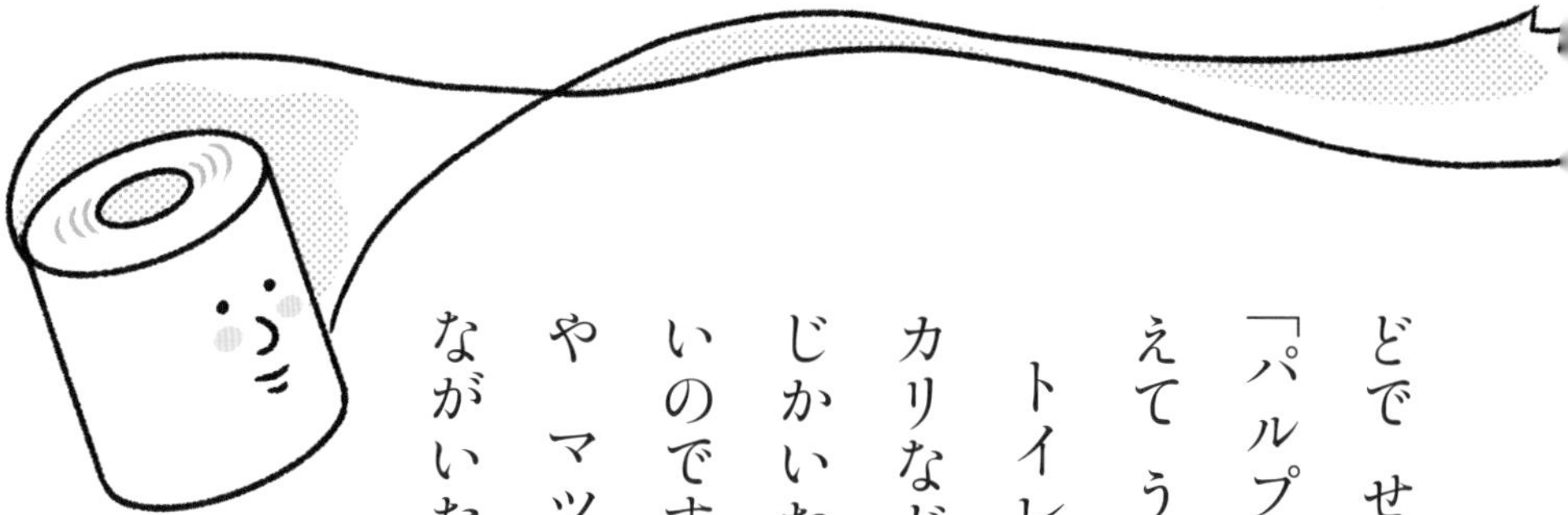

どで せんいを とりだします。それが、「パルプ」です。パルプに くすりを くわえて うすく のばせば できあがりです。

トイレットペーパーには、ブナや ユーカリなどが つかわれます。せんいが みじかいため、水《みず》で ばらばらに なりやすいのです。ティッシュペーパーには、スギや マツなどが つかわれます。せんいが ながいため、じょうぶに できます。

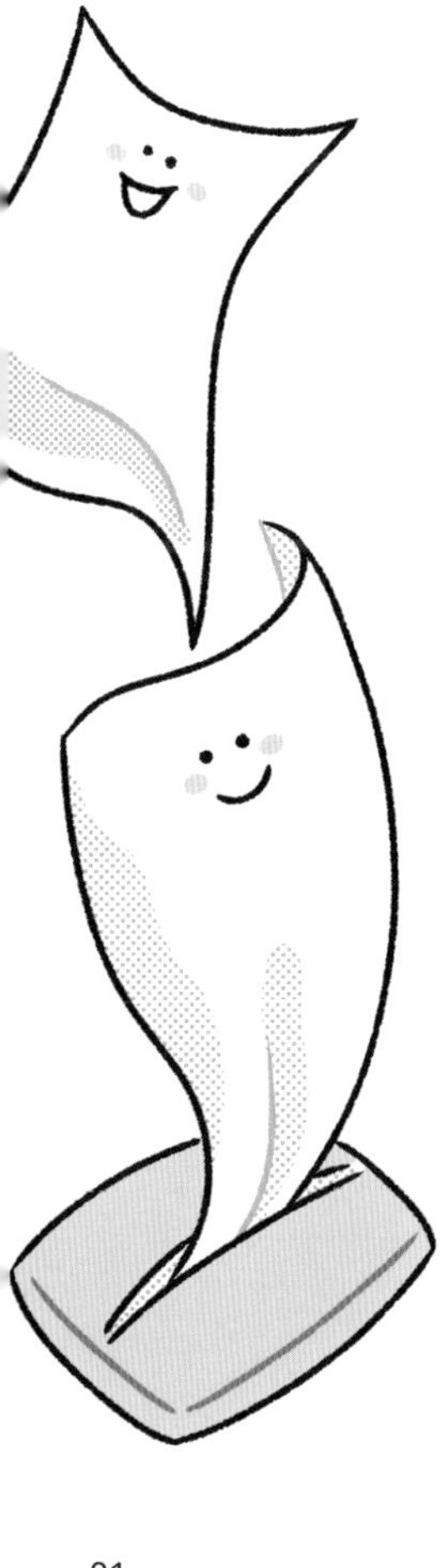

とかすときに
トウモロコシから
つくられた デンプンを
入《い》れると…

トイレットペーパーに！

とかすときに
くすりを 入《い》れると…

ティッシュペーパーに！

かみの ない じだいは こんなものを つかっていた！

かみが できたのは およそ 2250年《ねん》まえ。
かみが できるまえは かみの かわりに その ばしょに あった ざいりょうが つかわれていました。

パピルス

5000年《ねん》くらいまえから エジプトで つかわれました。いまの かみに とても にていて、草《くさ》の くきを うすく きった ものを かさねて つくります。

ようひし

3000年《ねん》くらいまえから ヨーロッパで つかわれました。ヒツジや ヤギや 子《こ》ウシの かわを かわかし、みがいて つくります。じょうぶなので、まとめて ノートのように とじて つかうことも できました。

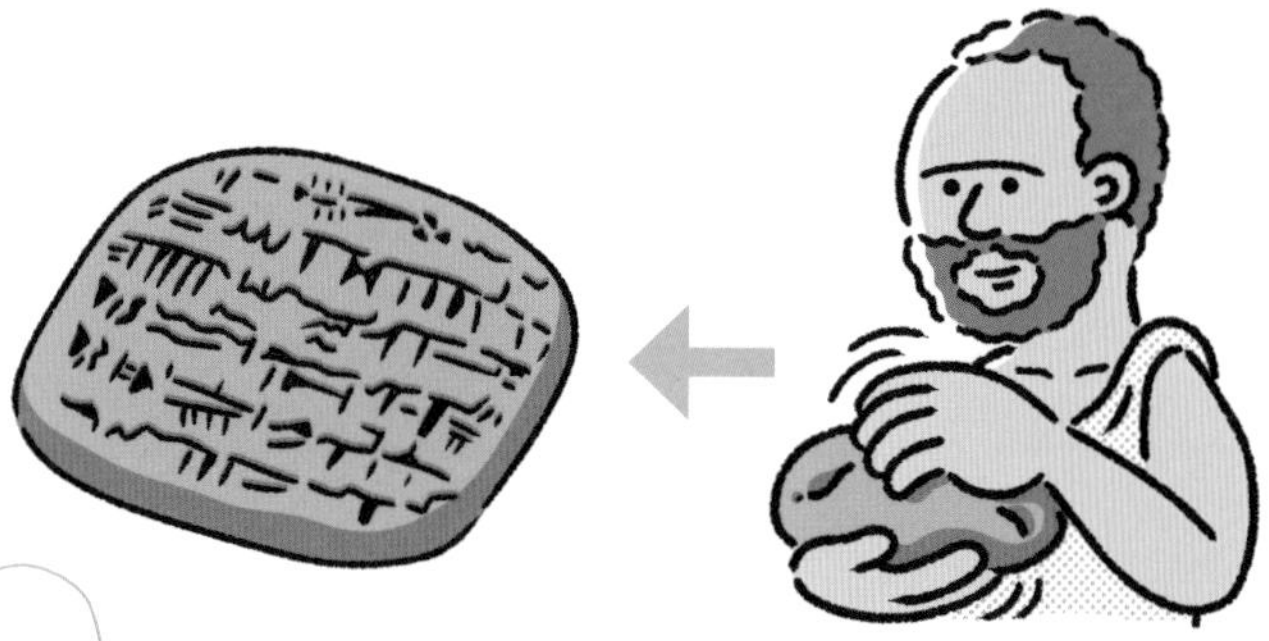

ねん土《ど》ばん

5000年《ねん》くらいまえから　いまの　イラクあたりで　つかわれました。ねん土《ど》に　とがった　ぼうで　文字《もじ》を　きざんで　かわかして　いました。

木《き》だけでなく、
いろいろな　ものが
つかわれて
いたんだね

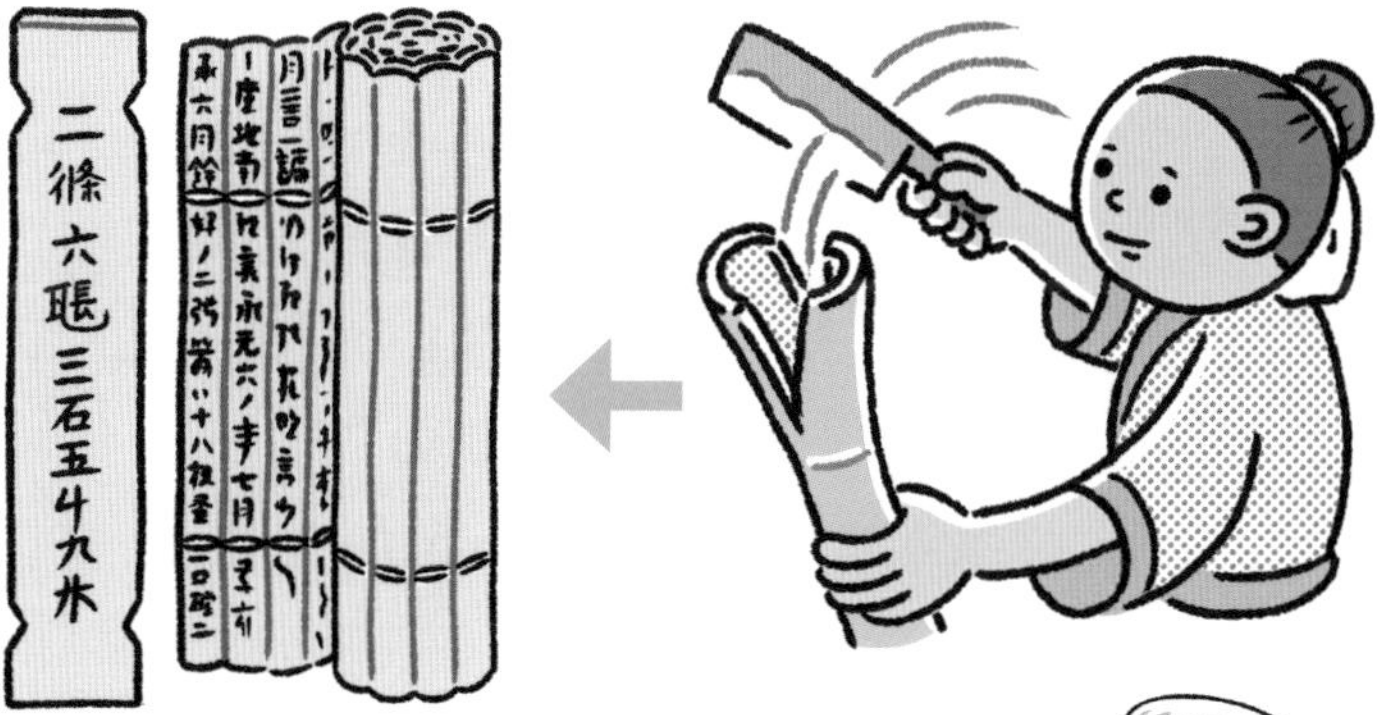

木《もっ》かん・竹《ちく》かん

2500年《ねん》くらいまえから　おもに中国《ちゅうごく》で　つかわれました。木《き》や竹《たけ》を　ほそく　うすくして　文字《もじ》を　きろくしました。じょうぶで手《て》に　入《い》れやすいので、日本《にほん》でも　つかわれていました。

つかいおわった
木《もっ》かんは　わって　けずって
トイレのとき　おしりを
ぬぐうのにも　つかわれて
いたんだ。
トイレットペーパーの
かわりだね

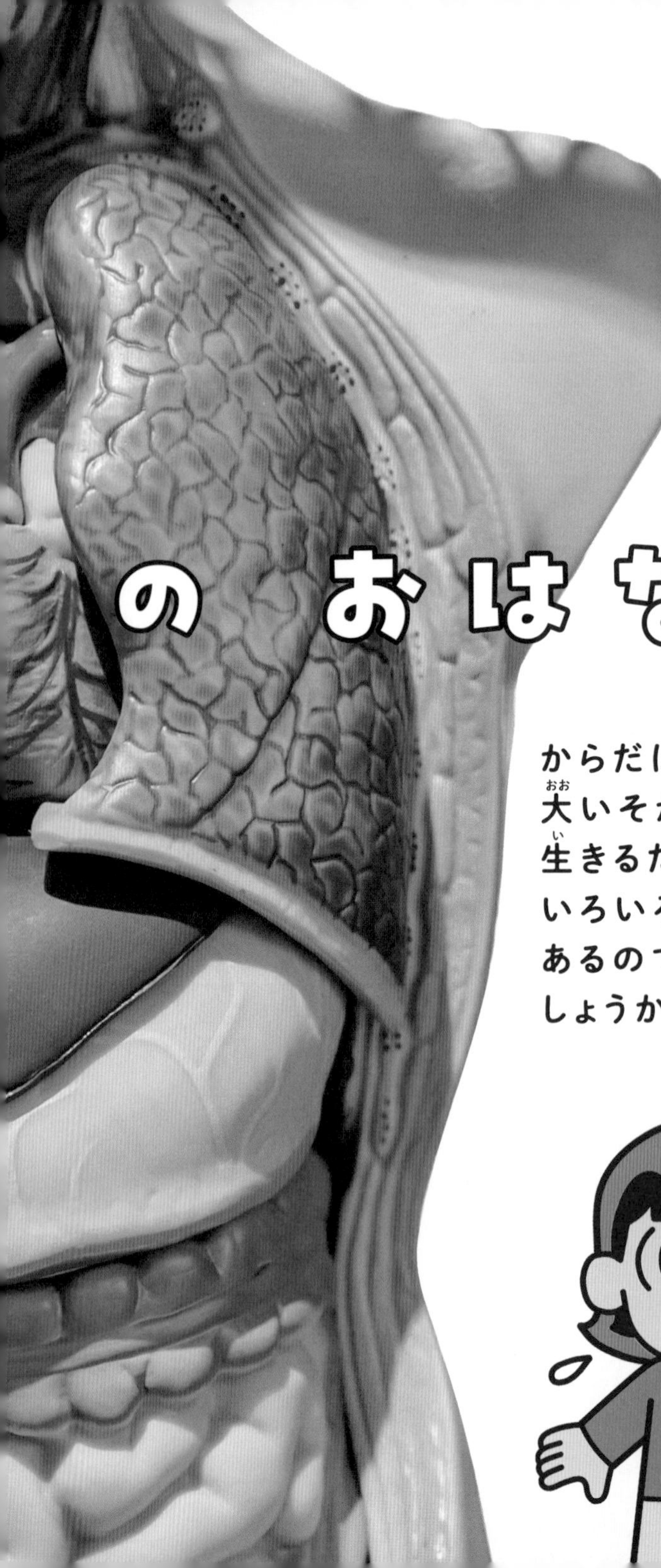

の　おはなし

からだは　まいにち
大《おお》いそがし!
生《い》きるための
いろいろな　しくみが
あるので
しょうかいします。

からだ

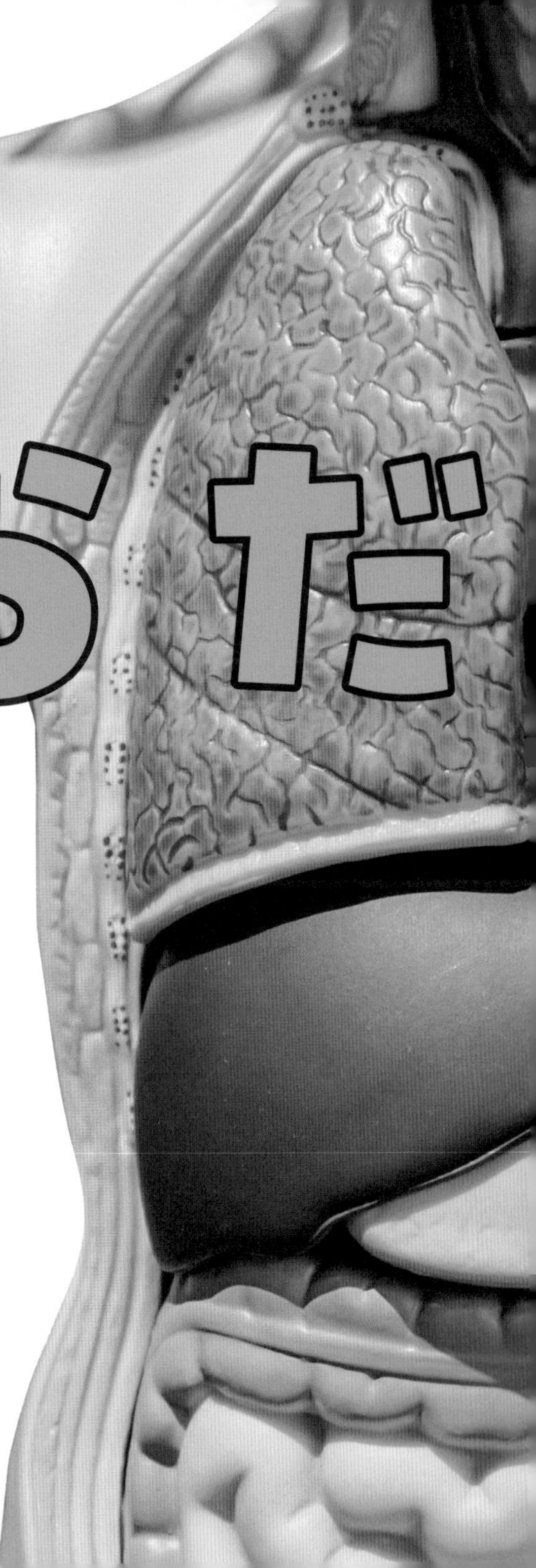

からだの中《なか》って
どうなっているの？
じっくり　見《み》ていこう！

からだのおはなし

たべないでいると どうなるの？

わたしたちが　げんきに　すごすためには、たべることが　ひつようです。まず、なにを　するにも　エネルギーが　いります。エネルギーは、たべものの「えいようそ」から　とれる　力《ちから》の　みなもとです。あるくときも、かんがえるときも、たべものから　もらう　エネルギーが、かかせません。

それに、からだが　大《おお》きくなるためにも、たべものが　ひつようです。からだは　まいにち　すこしずつ、あたらしく　つくりかえ

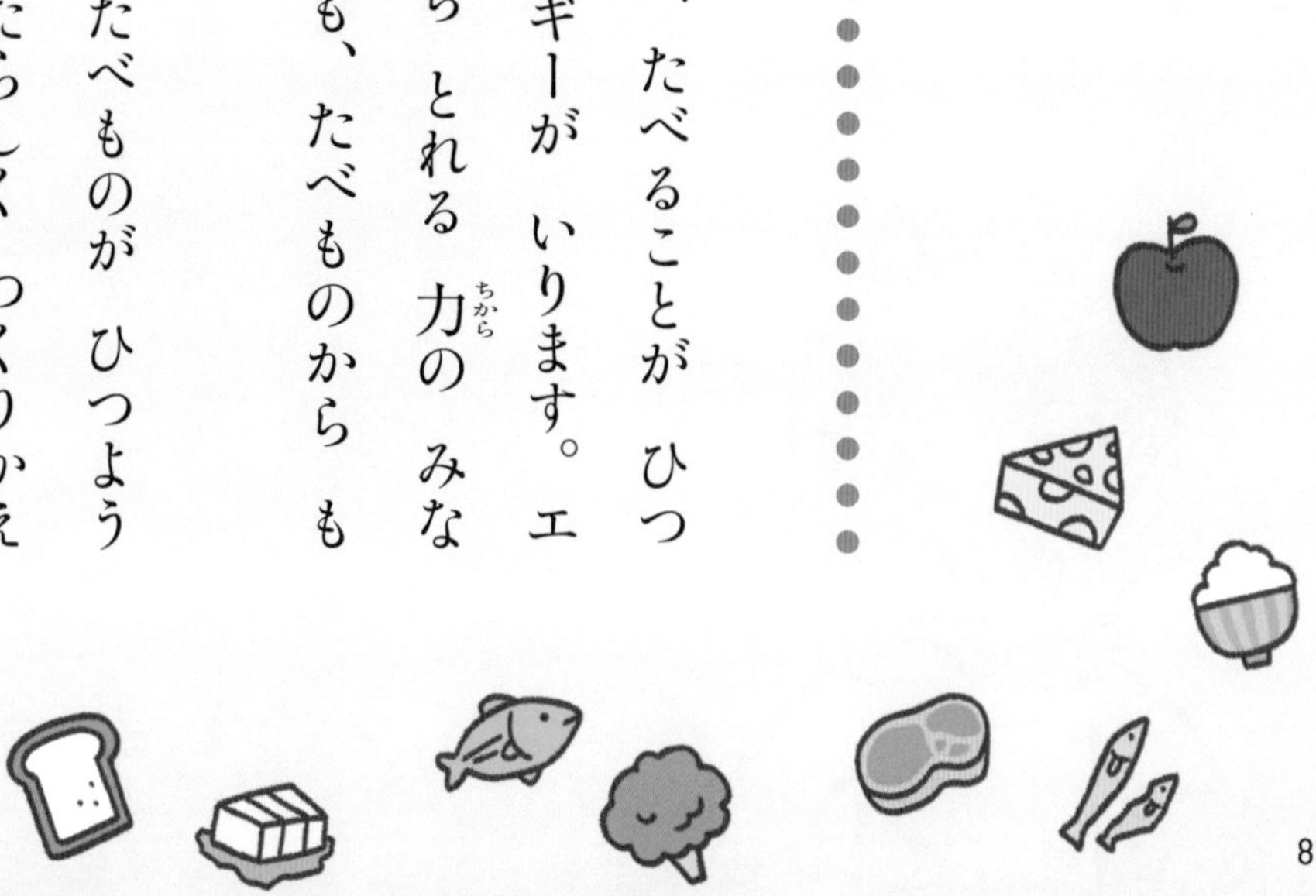

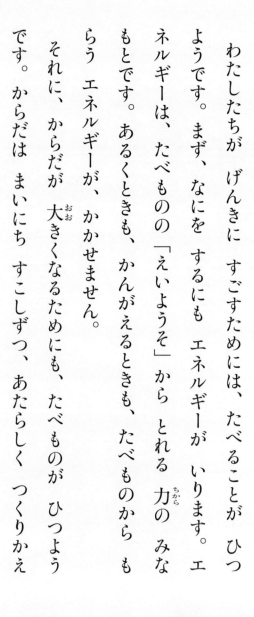

られています。その ざいりょうは、からだの そとから とって
います。
にんげんは 水《みず》の ほかに 3しゅうかんくらい、なにも たべな
いでいると、いのちが きけんに さらされます。いっぱい ごは
んを たべて、エネルギーを まんたんにして、げんきに すごし
ましょう。

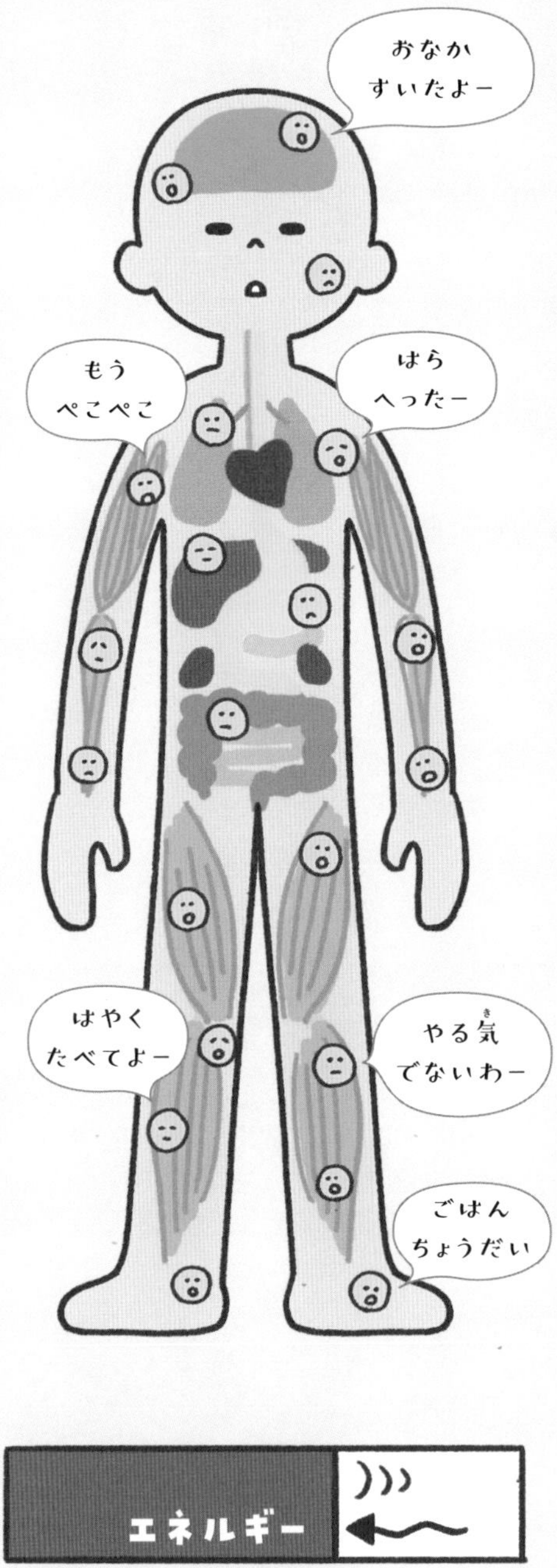
おなか すいたよー
もう ぺこぺこ
はら へったー
はやく たべてよー
やる気《き》 でないわー
ごはん ちょうだい
エネルギー

たべないと からだ中《じゅう》の さいぼうが おなかを すかせ、エネルギーが たりなくなります。

えいようそは　こんな　ふうに　はたらいて　いる！

たべものから　とる　えいようそは　わたしたちが　げんきに　うごくために　からだ中《じゅう》で　はたらいています。

エネルギーの　もとに　なる！たんすいかぶつ

のうで　かんがえたり　きんにくを　うごかしたり　するために　かかせない「とうしつ」と、うんちを出《で》やすくする「しょくもつせんい」があります。

パン
いもるい
ごはん
くだもの

ほねや　はに　なる！ミネラル

ほねや　はの　ざいりょうに　なったり、のうから　手《て》足《あし》に　しれいを　つたえたりするためにも　ひつようです。

こざかな
こんぶ
アーモンド

たんすいかぶつや たんぱくしつのサポートやく！ ビタミン

トマト
ブロッコリー
レバー

たんすいかぶつや たんぱくしつが エネルギーに なるのを たすけたり ちょうしが わるい ぶぶんを なおしたり てきと たたかう力《ちから》に なったりして からだの ちょうしを ととのえます。

からだの そしきになる！ たんぱくしつ

きんにくや ひふ、つめ、かみのけ、ないぞうなどの からだの そしきを つくります。

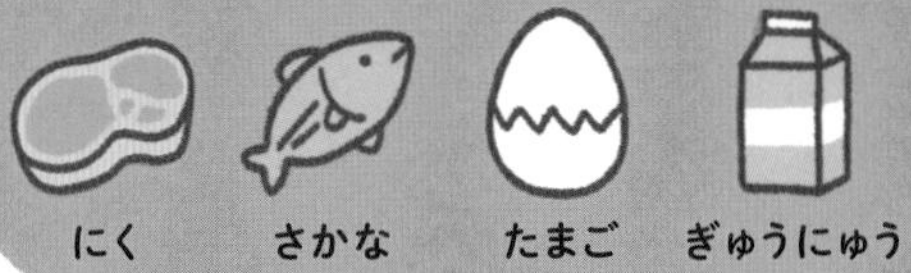
にく
さかな
たまご
ぎゅうにゅう

バランスよく
えいようを
とらなきゃね

たいおんの もとになる！ ししつ

たいおんを たもつのに はたらいたり、さいぼうの ざいりょうに なったりしています。

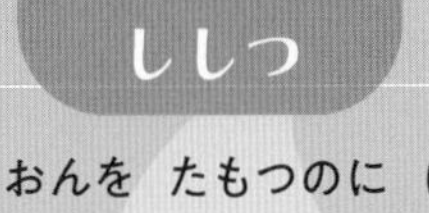
チーズ
バター

うんちは なにで できている？

わたしたちは、たべものから えいようを とりこんで、げんきに すごしたり、からだを せいちょう させたり しています。でも、たべものの ぜんぶを つかうわけでは ありません。えいようを とったあとの たべかすは、からだの そとに 出《だ》す ひつようが あります。それが うんちとなって 出《で》てくるのです。

ほかにも あります。からだは、まいにち すこしず

たべかす
「ちょう」の さいきん
ちょうない さいぼうの しがい
「ちょう」は、えいようを とりこんだり、うんちを つくる はたらきを するよ

つ、あたらしく　つくりかえられています。そのとき
に出《で》る、ふるくなった　からだの　ごみも、うんちに
なります。

でも、サラダの　はっぱを　たくさん　たべたからと
いって、うんちが　みどりいろには　なりません。うんちの　いろは、たべものを　しょうかする「たんじゅう」という、ちゃいろの　えきが、まざったいろです。
だから、なにを　たべても、いつも　おなじような　ちゃいろの　うんちが　出《で》るのです。びょうきにかかると、
うんちが　白《しろ》くなったり、くろくなったりします。

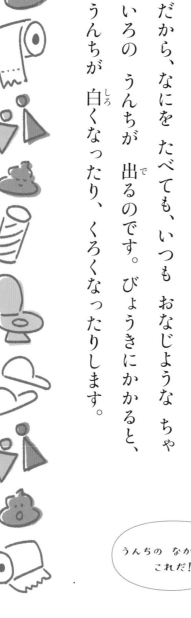

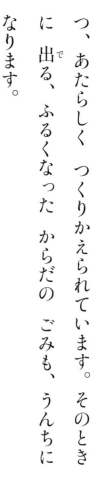

ちょうに　いる
さいきんたち

うんちの　たまる「ちょう」の中《なか》には
たくさんの「さいきん」がいて、わたしたちの
しらないうちに　まいにち　はたらいています。
どんな　さいきんが　いるのか　見《み》てみましょう。

からだを まもる！

「ぜんだまきん」が　おおいと、ちょうが　げんきで　べんぴに　なりません。かぜを　ひきにくくなり、しょくちゅうどくの　よぼうにも　つながります。

ぜんだまきん
（ビフィズスきん、
にゅうさんきんなど）

ぜんだまきんを　ふくむ　ヨーグルトや
なっとう、ぜんだまきんの　エサになる
かいそうや　キノコなどを　ふだんから
しっかり　たべよう

びょうきを　ひきおこす げんいんになる

にくや　あぶらの　おおい　たべものを　たくさん　たべつづけたり、ストレスが　たまったりすると、「あくだまきん」が　ふえます。あくだまきんが　おおくなると、げりや　べんぴをひきおこしたり、はだが　あれたりします。

あくだまきん

（ウェルシュきんなど）

ぜんだまきんか あくだまきんの おおいほうに　みかたする

「ひよりみきん」は、ふだんは　よいことも　わるいことも　しませんが、あくだまきんの　かずが　おおく　なってくると、あくだまきんの　みかたをしてわるさを　はじめます。

ひよりみきん

（バクテロイデスなど）

ちょうは　バランスが　たいせつ！

けんこうな　日本人《にほんじん》の　ばあい、ちょうの　さいきんの　かずを　10としたら、ぜんだまきんは2、あくだまきんは1、ひよりみきんは7と　なっています。あくだまきんが　まったく　いなくなると　ぜんだまきんが　はたらかなくなってしまうので、あくだまきんも　かかせないと　いわれています。

からだのおはなし

どうして はは 生《は》えかわるの？

人《ひと》の 子《こ》どもの はは 「にゅうし」と よばれ、ぜんぶで 20本《ぽん》あります。それに たいして、「えいきゅうし」と よばれるおとなの はは、ぜんぶで 28本《ぽん》から32本《ほん》 あります。

子《こ》どもの あごは せまいので、いったん 小《ちい》さい にゅうしがすくない ほんすうで 生《は》えます。にゅうしの はが 生《は》えかわるのは、あごが 大《おお》きくなるに つれて、大《おお》きくて じょうぶなえいきゅうしの はに 生《は》えかわる ひつようが あるからです。

また、15さいごろから 24さいごろに かけて、えいきゅうしの中《なか》で いちばん おくに 生《は》える はも あります。この、はを「おやしらず」と いいます。おやに しられることなく、生《は》える はなので、この 名《な》まえが ついたと いわれています。

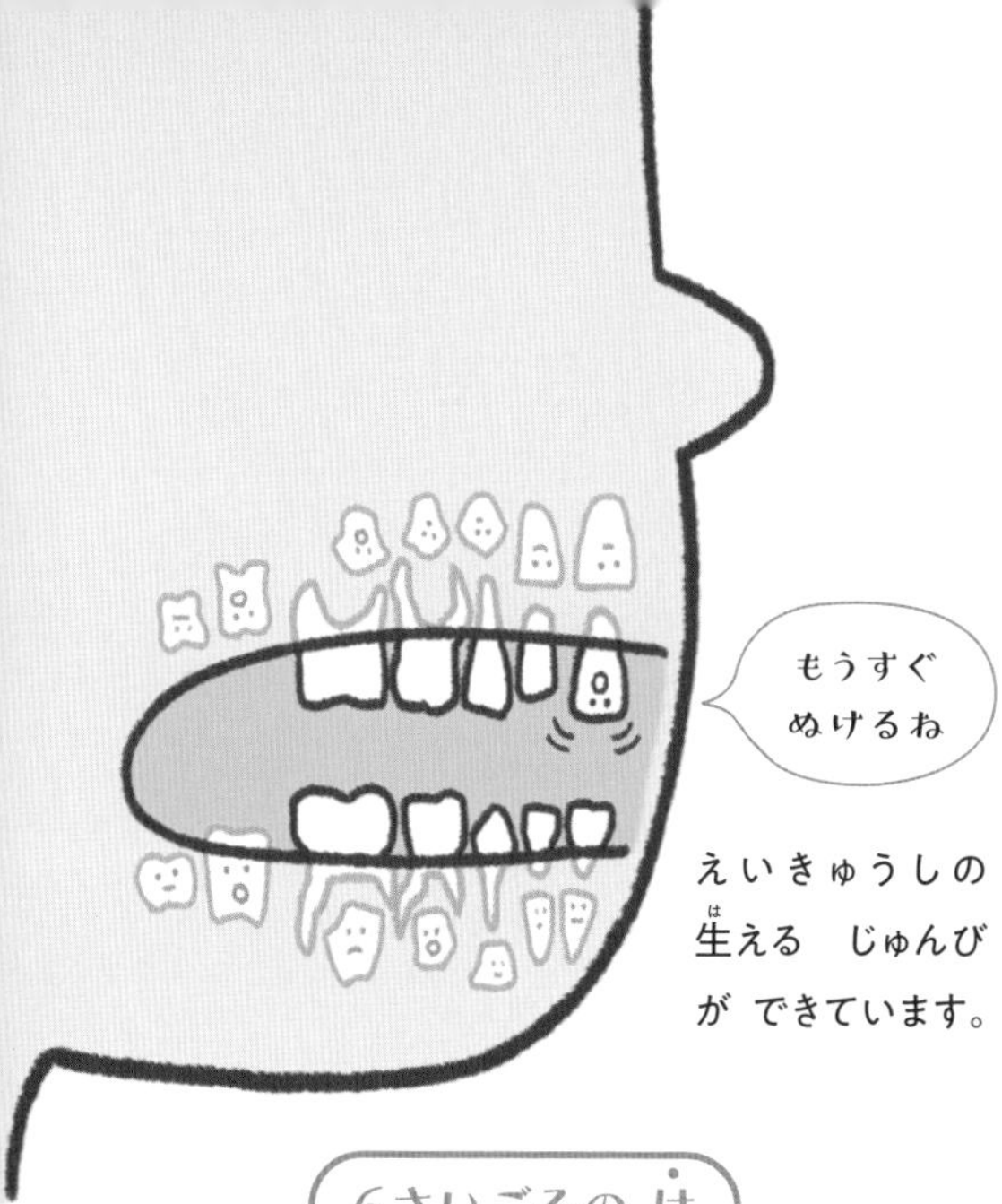
もうすぐ
ぬけるね
えいきゅうしの
生《は》える じゅんび
が できています。

6さいごろの は

もし 生《は》えかわらないと…

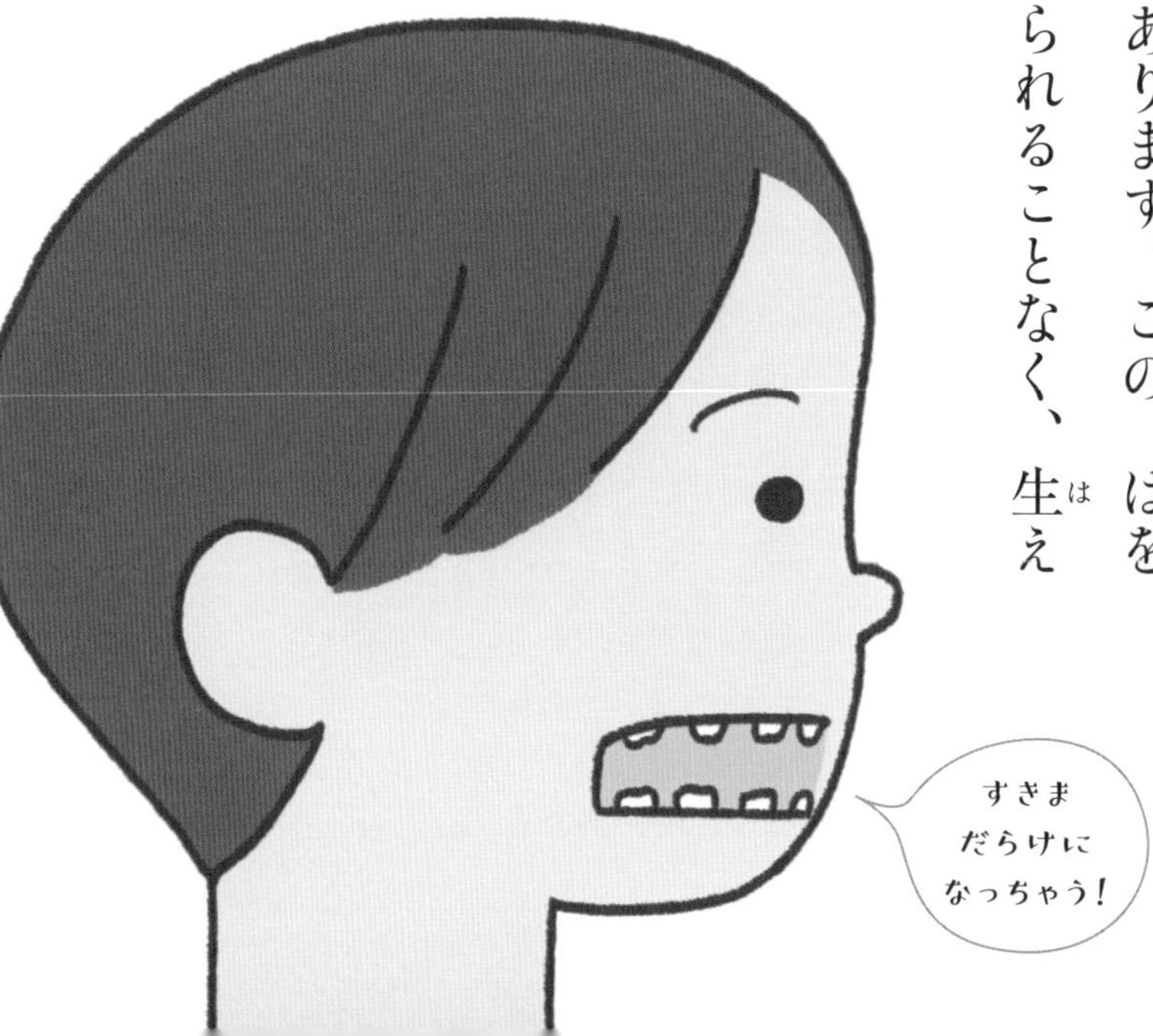
すきま
だらけに
なっちゃう!

生《い》きものの はの 生《は》えかわりに ちゅうもく!

まいにち つかう たいせつな は。どうぶつの はと
わたしたちの はの 生《は》えかわりについて くらべてみましょう。

一生《いっしょう》のびつづける

ウサギの なかまや ネズミの なかまの はは 生《は》えかわりません。はは 一《いっ》生《しょう》 のびつづけます。

カリ
カリ
カリ
たべものを かじったり
はぎしりを したりして はが
のびすぎないように
しているよ!

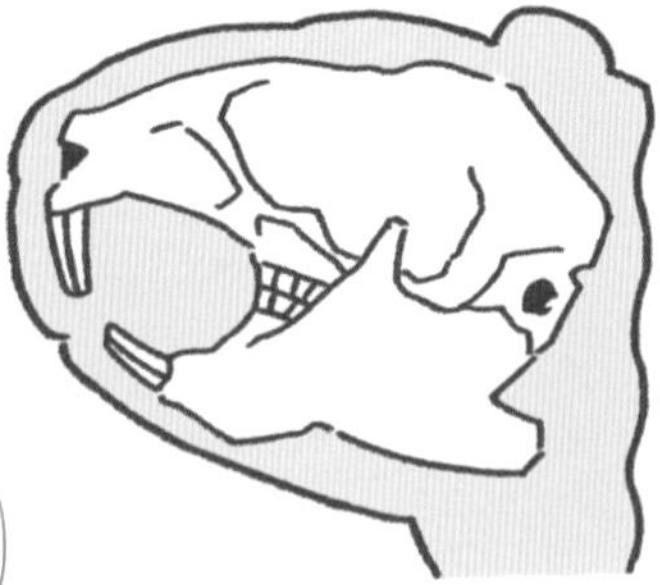

一生《いっしょう》の あいだに いちどだけ 生《は》えかわる

ネコや イヌ、にんげんなどは 一生《いっしょう》のうちで いちど にゅうしから えいきゅうしに 生《は》えかわります。

キラン
「けんし」という
するどい はも あるよ

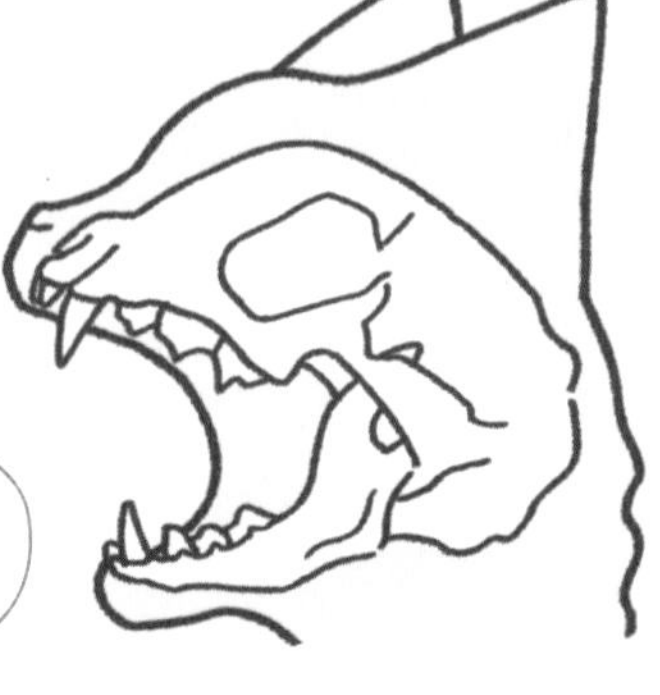

はが6かい 生《は》えかわる

大《おお》きな はが
4本《ほん》! キバは
まえばが
へんかしたもの!

ゾウの はは、わらじのように 大《おお》きく、すりへって うすくなると ぬけおちます。そのあと うしろの はが おし出《だ》されるように なっています。一生《いっしょう》の うちで 6かい 生《は》えかわります。

はが なんども 生《は》えかわりつづける

つぎつぎ
生《は》えて
くるよ!

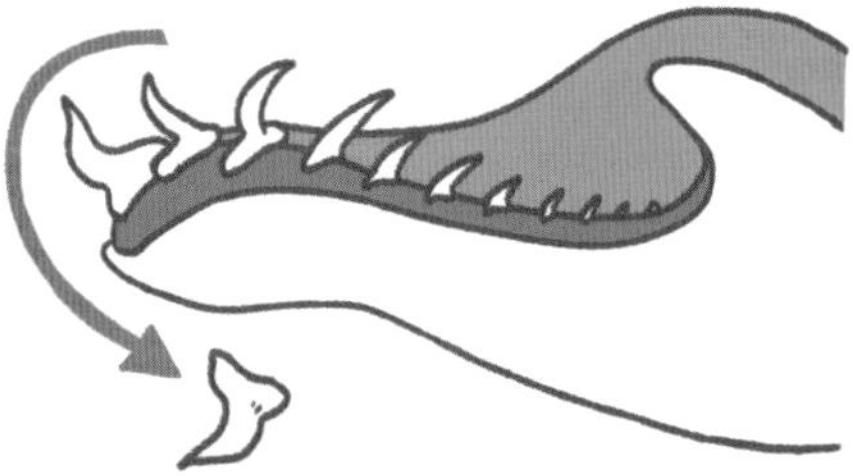

サメの はは、早《はや》いもので 2日《か》から3日《か》ごとに 生《は》えかわりつづけます。

はのない 生《い》きものも!

アリクイや センザンコウは はがなく、ながいしたで アリなどを からめとったり、くちばしで つついたりして たべます。

からだを かるくして
とぶために はを
なくして いったんだー
そうなんだ〜
へ〜

からだのおはなし

耳《みみ》は どうして でこぼこ して いるの？

耳《みみ》に ある でこぼこは、まわりの音《おと》を はねかえすために あると かんがえられています。いろいろな ほうこうからくる 音《おと》を でこぼこで はねかえすことで 音《おと》を うまく 耳《みみ》の中《なか》に あつめます。この はねかえすときの音《おと》の ちがいで、どこで なっている

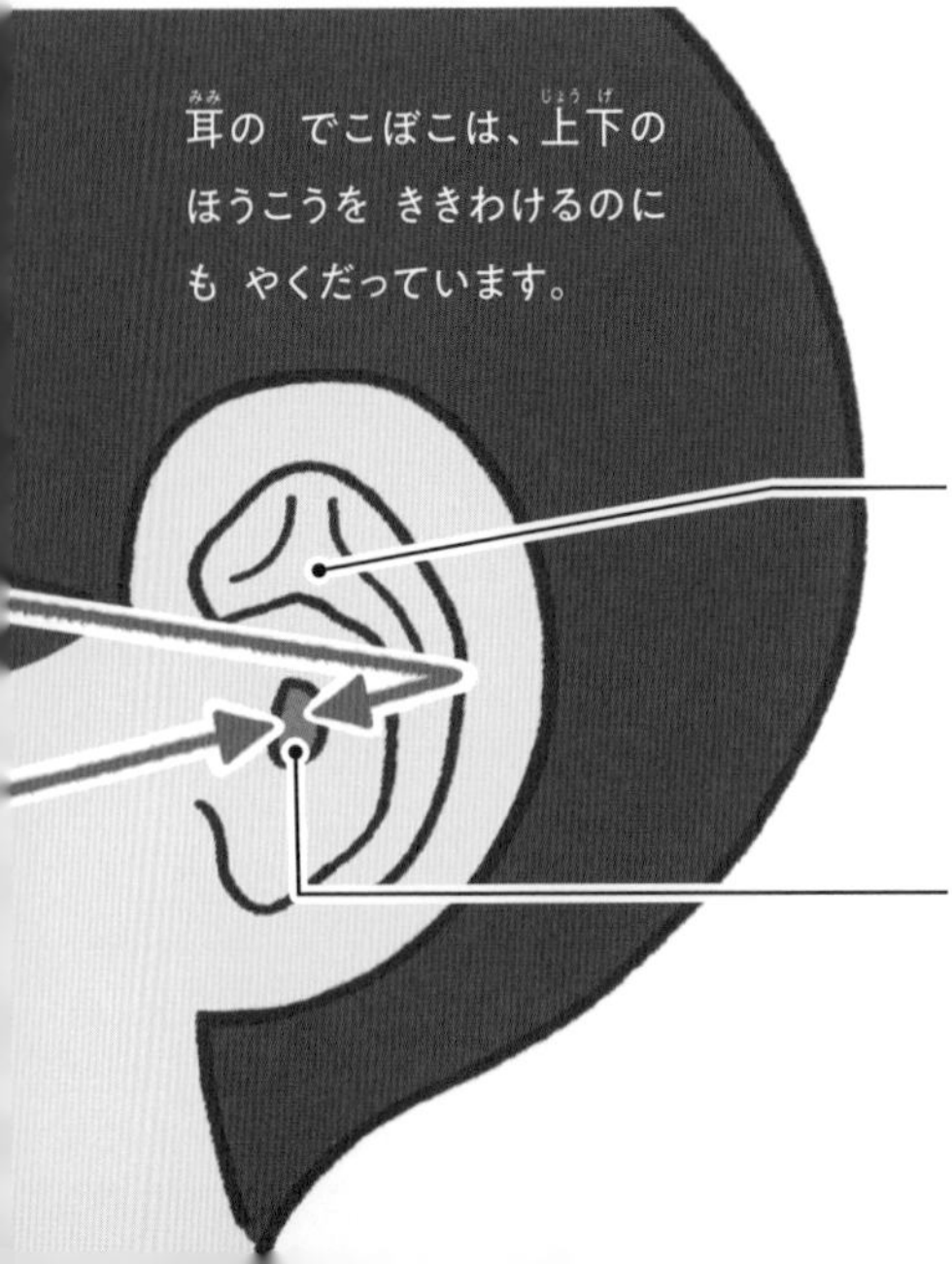
耳《みみ》の でこぼこは、上下《じょうげ》の ほうこうを ききわけるのにも やくだっています。
やわらかい ほねと それを おおう ひふで できています。音《おと》を あつめる やくわりを します。
あつめた 音《おと》が 入《はい》る ところ。

音《おと》なのか、　わかります。

どうぶつの　耳《みみ》は、　でこぼこしていません。　でも、　耳《みみ》を　うごかすことで、人《ひと》よりおおくの　音《おと》を、　耳《みみ》に　あつめるものが　います。

たとえば、　イヌや　ネコ、　ウサギやウマは、　左《ひだり》と　右《みぎ》の　耳《みみ》を　べつの　ほうこうに　うごかせます。　音《おと》が　するほうこうに　耳《みみ》を　むけることで、　さまざまな　ほうこうから　くる　音《おと》を、きくことが　できます。

にんげんと どうぶつの 音《おと》の きこえかた

音《おと》は、ものの ふるえが 空気《くうき》の中《なか》を つたわったものです。
にんげんと どうぶつで 音《おと》の きこえかたに ちがいが あります。

どうぶつの 音《おと》の きこえかた

にんげんよりも たかい 音《おと》が きこえる どうぶつが います。イルカや コウモリは、たかい 音《おと》を 出《だ》して、ものに あたって はねかえってくるまでの じかんから、さきに なにが あるのかを はんだんします。

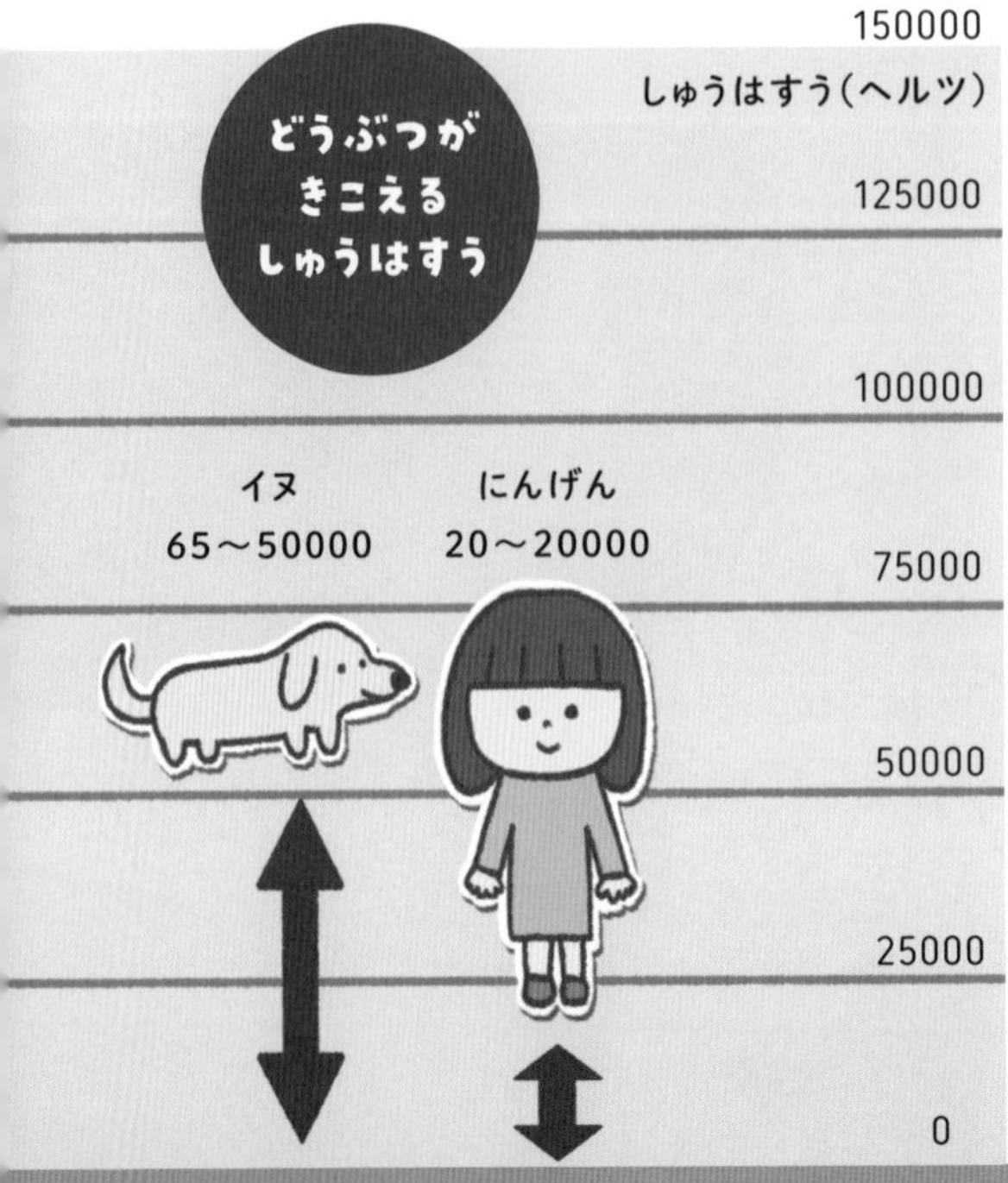
150000
しゅうはすう（ヘルツ）
どうぶつが きこえる しゅうはすう
125000
100000
イヌ
65～50000
にんげん
20～20000
75000
50000
25000
0

にんげんの 音《おと》の きこえかた

にんげんは、20ヘルツから 20000ヘルツくらいまでの音《おと》を きくことが できます。子《こ》どもは たかい音《おと》が きこえ、としを とると きこえにくくなります。

音《おと》の たかさは、「しゅうはすう」で あらわす

ものの ふるえの かいすうが おおいと 音《おと》が たかくなり、すくないと ひくくなります。1びょうかんに ふるえるかいすうを 「しゅうはすう」と いいます。しゅうはすうは 「ヘルツ」という たんいで あらわします。たとえば20ヘルツとは 「1びょうかんに 20かい ふるえる」という いみです。

たかい
音《おと》

1びょうに たくさん ふるえる!

ひくい
音《おと》

1びょうに ふるえる かいすうが すくない

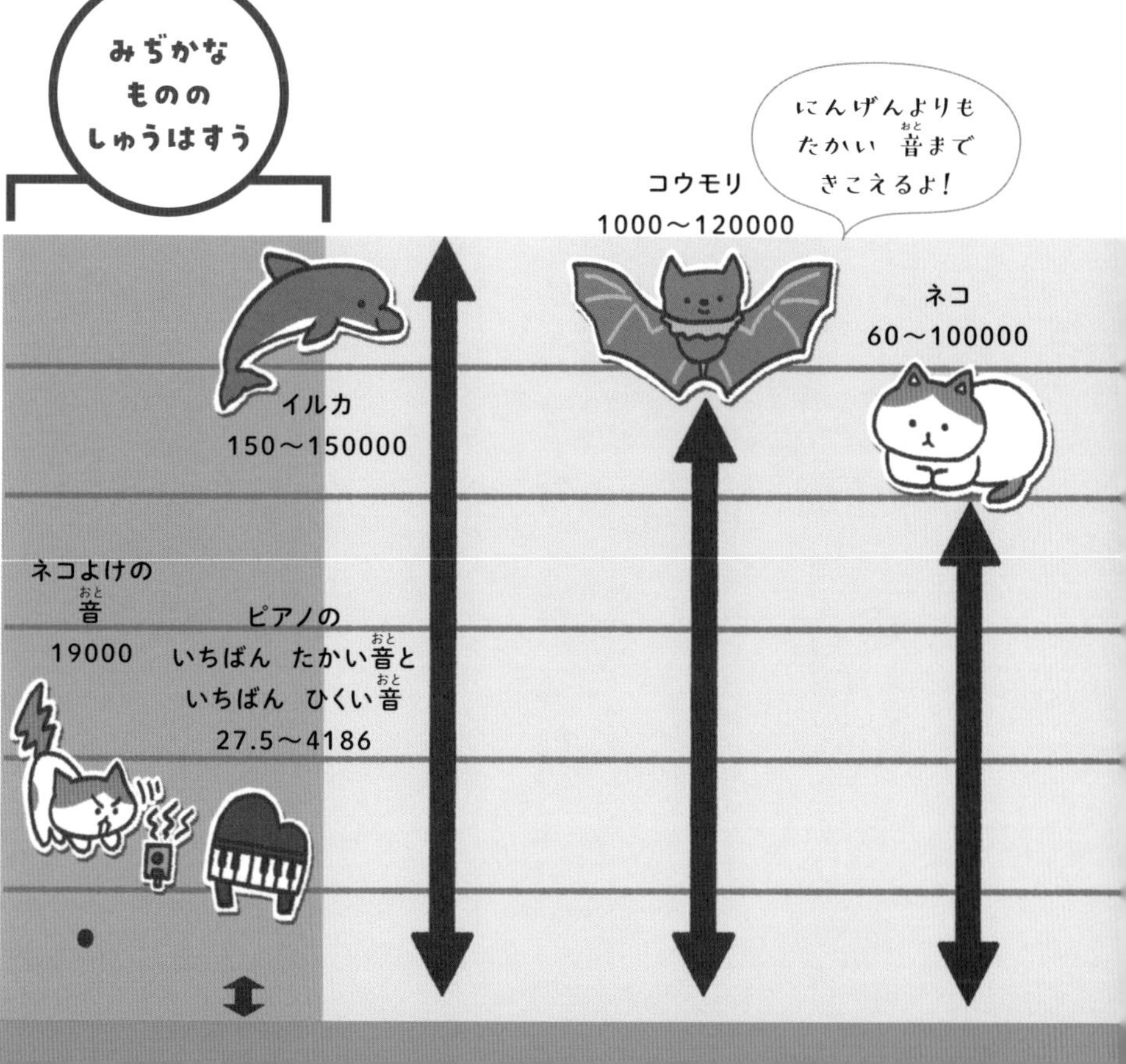
みぢかな
ものの
しゅうはすう
にんげんよりも
たかい 音《おと》まで
きこえるよ!
コウモリ
1000〜120000
ネコ
60〜100000
イルカ
150〜150000
ネコよけの
音《おと》
19000
ピアノの
いちばん たかい音《おと》と
いちばん ひくい音《おと》
27.5〜4186

からだ
の
おはなし

人《ひと》の　こえが　みんな　ちがうのは　なぜ？

たいこを　たたいたとき、たいこの　かわに　手《て》を　あてると、かわが　ふるえて　音《おと》が　出《で》ているのが　わかります。そのように、音《おと》は、ものが　ふるえることで　出《だ》すことが　できます。

にんげんは、はく　いきを　つかって、のどの　おくに　ある　「せいたい」という　まくを　ふるわせることで、こえを　出《だ》しています。せいたいは、こえを　出《だ》したいときだけ、いきの　とおりみちに　出《で》てきます。そして、わたしたちは、口《くち》や　したを　うごかすことで、「あ」「い」「う」「え」「お」といった さまざまな 音《おと》を 出《だ》して、ことばに しています。

人《ひと》によって、せいたいや のどの かたちが、ちがいます。また、のどや 口《くち》の つかいかたも、ちがっています。それが 人《ひと》それぞれ こえが ちがう りゆうです。

おとなに なると、子《こ》どものときよりも こえが ひくくなりますね。これは、おとなに なると、せいたいが 大《おお》きく なるからです。

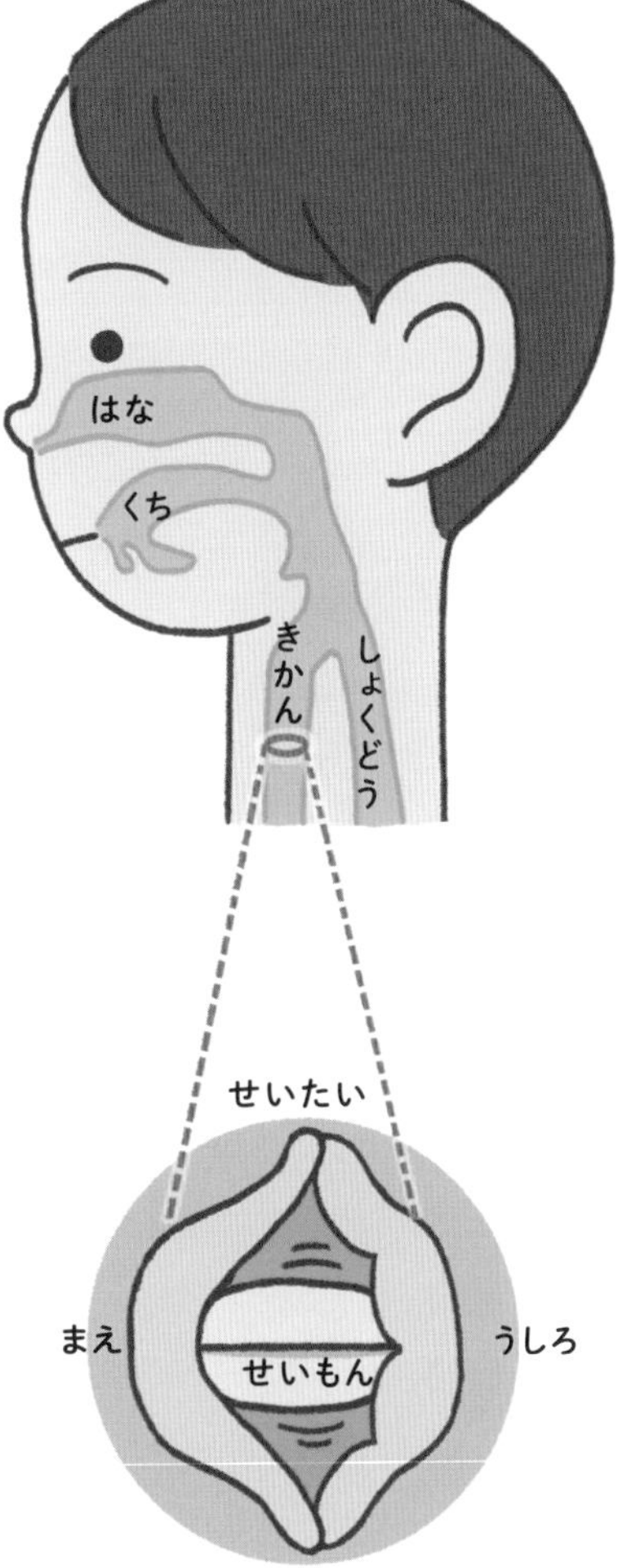
はな
くち
きかん
しょくどう
せいたい
まえ
うしろ
せいもん

こえを 出《だ》しているとき

こえが せいもんの わずかな すきまを とおり、せいたいを 1びょうに、100から200かい ふるわせて、こえを 出《だ》しています。

おしえて！ こえの ひみつ

こえは 男《おとこ》の人《ひと》と 女《おんな》の人《ひと》、おとなと 子《こ》どもで、
せいたいの 大《おお》きさや かたちの とくちょうが ちがいます。

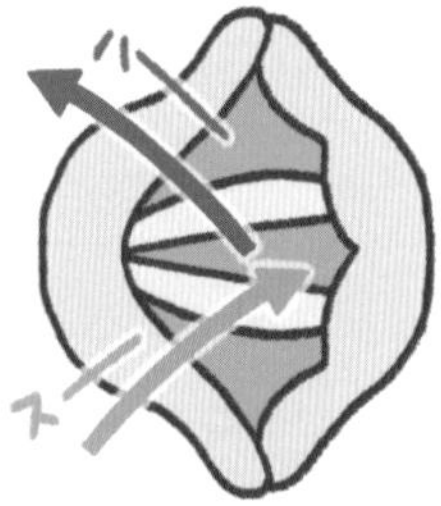
ハー
スー

1 いきを するときは、こえを 出《だ》すときと ちがうの？

こえを 出《だ》すときは、せいもんを とじて いますが、
いきを するときは、せいもんを ひらいています。

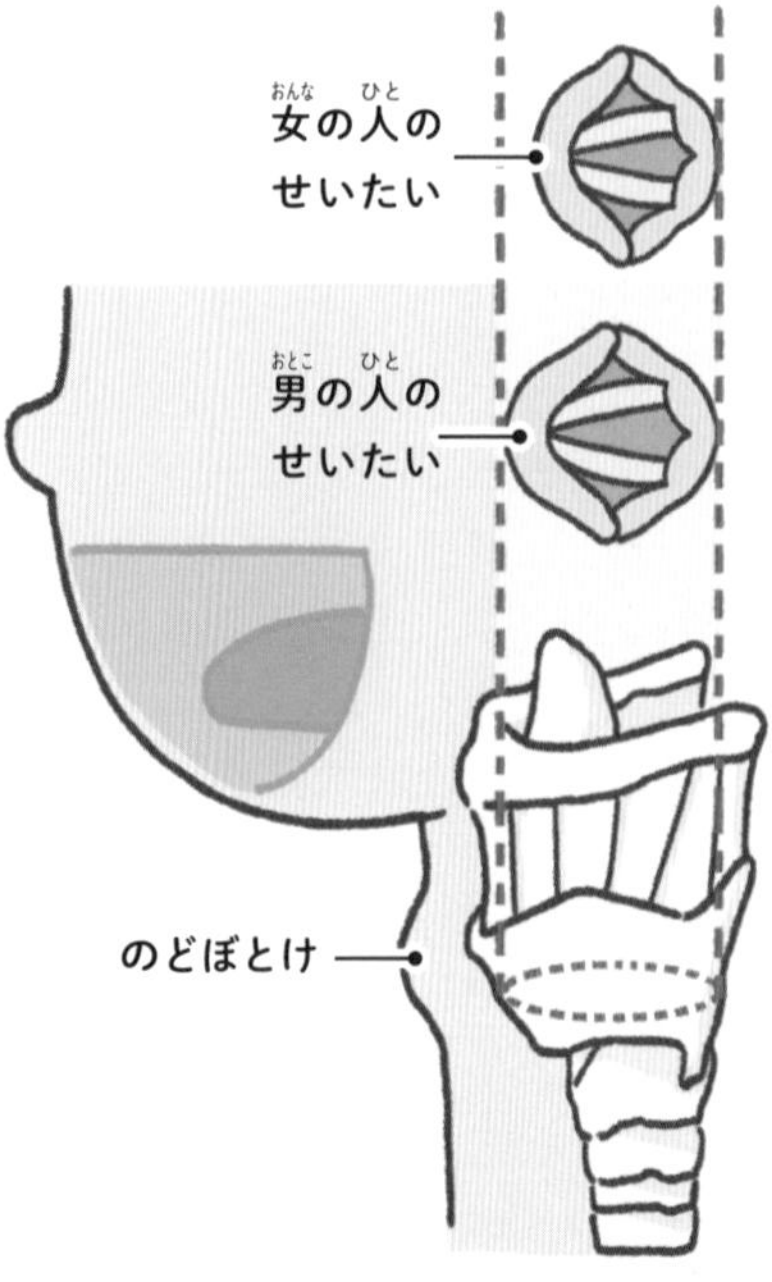
女《おんな》の人《ひと》の
せいたい
男《おとこ》の人《ひと》の
せいたい
のどぼとけ

2 男《おとこ》の人《ひと》と 女《おんな》の人《ひと》で こえの たかさが ちがうのは？

男《おとこ》の人《ひと》は、せいちょうすると のどぼとけ が 出《で》てきます。それと いっしょに、せいたいも のびるため、こえが ひくくなるのです。

せいたいの
大《おお》きさが
ちがうんだ

3 子《こ》どもの こえと おとなの こえが、ちがうのは？

小《ちい》さくて みじかい せいたいは、たかい音《おと》が 出《で》ます。子《こ》どもの ときは こえが たかく、おとなに なると ひくくなるのは、そのためです。

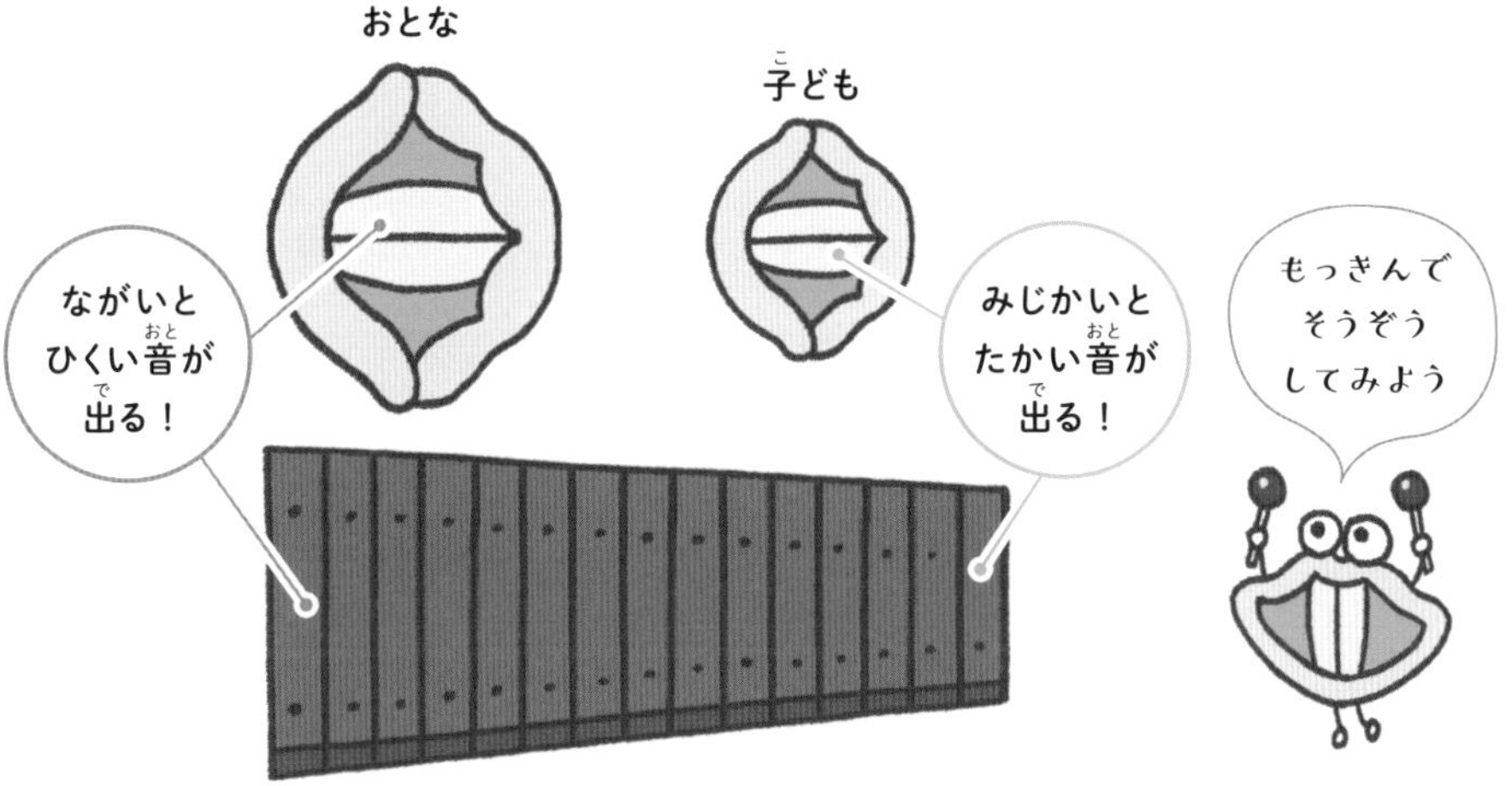
おとな
子《こ》ども
ながいと ひくい音《おと》が 出《で》る！
みじかいと たかい音《おと》が 出《で》る！
もっきんで そうぞう してみよう

やってみよう！

せいたいの しくみを かんじてみよう

1 ティッシュか うすい かみを 手《て》で もち、ちかづける。

2 2まいの かみの あいだに いきを ふきかける。 2まいが くっついたり、はなれたり するのは、せいたいの しくみと おなじです。

どうして ほくろが できるの？

わたしたちの からだの ひふは、いろが ついています。ひふの中《なか》に くろい いろを もつ「メラニン」が あるからです。ほくろは、この メラニンが あつまって できたものです。

メラニンは、たいようから ふりそそぐ しがいせんから、からだが きずつくのを

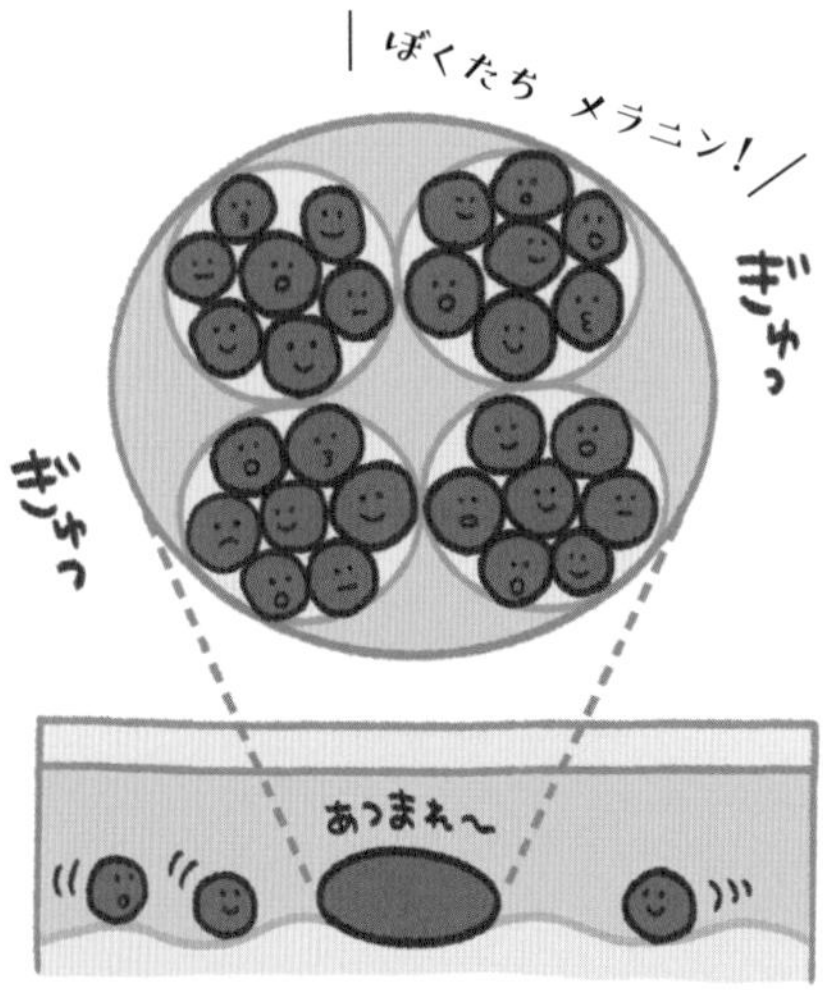
ぼくたち メラニン！
ぎゅっ
ぎゅっ
あつまれ〜

ほくろ

ひとり500こぐらい あるといわれていますが、人《ひと》に よって さが あります。

まもってくれています。そのため、たいようの ひかりを あびると、「さいぼう」が たくさんの メラニンを つくり、わたしたちの ひふは くろくなります。これが 日《ひ》やけです。

そして、メラニンを つくる さいぼうが、一《いっ》かしょに かたまって 大《おお》きく そだつと、ほくろが できます。たくさんの メラニンが、くろい いろの かたまりとして 見《み》えるのです。なぜ 一《いっ》かしょに かたまるのかは、よく わかっていません。

やけた!

日《ひ》やけ

日《ひ》やけで はだが くろくなるのは、メラニンの つぶが つくられ、はだの ひょうめんに あつまったためです。

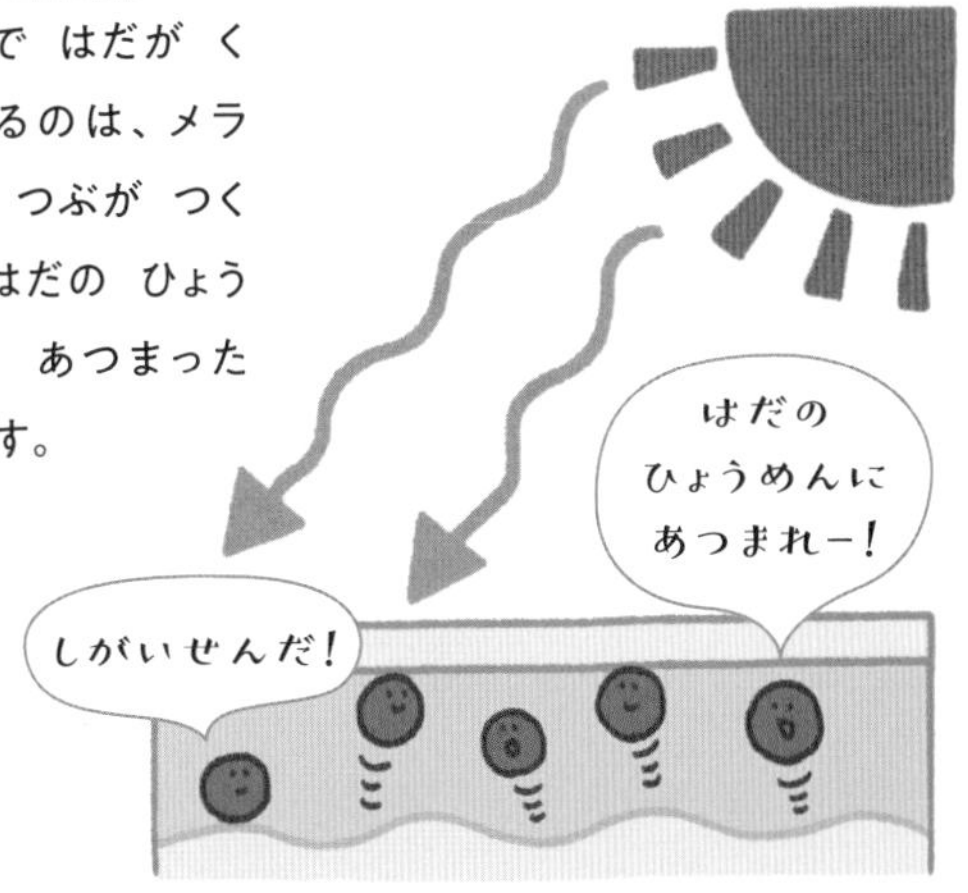
しがいせんだ!
はだの ひょうめんに あつまれー!

おどろきいっぱい にんげんの ひふ

にんげんの ひふには、すぐれた はたらきが つまっています。
目《め》に 見《み》えるところから 見《み》えない ところまで
ひふの しくみを しょうかいします。

エクリンせん

あせを 出《だ》すせん。
からだ中《じゅう》に あります。

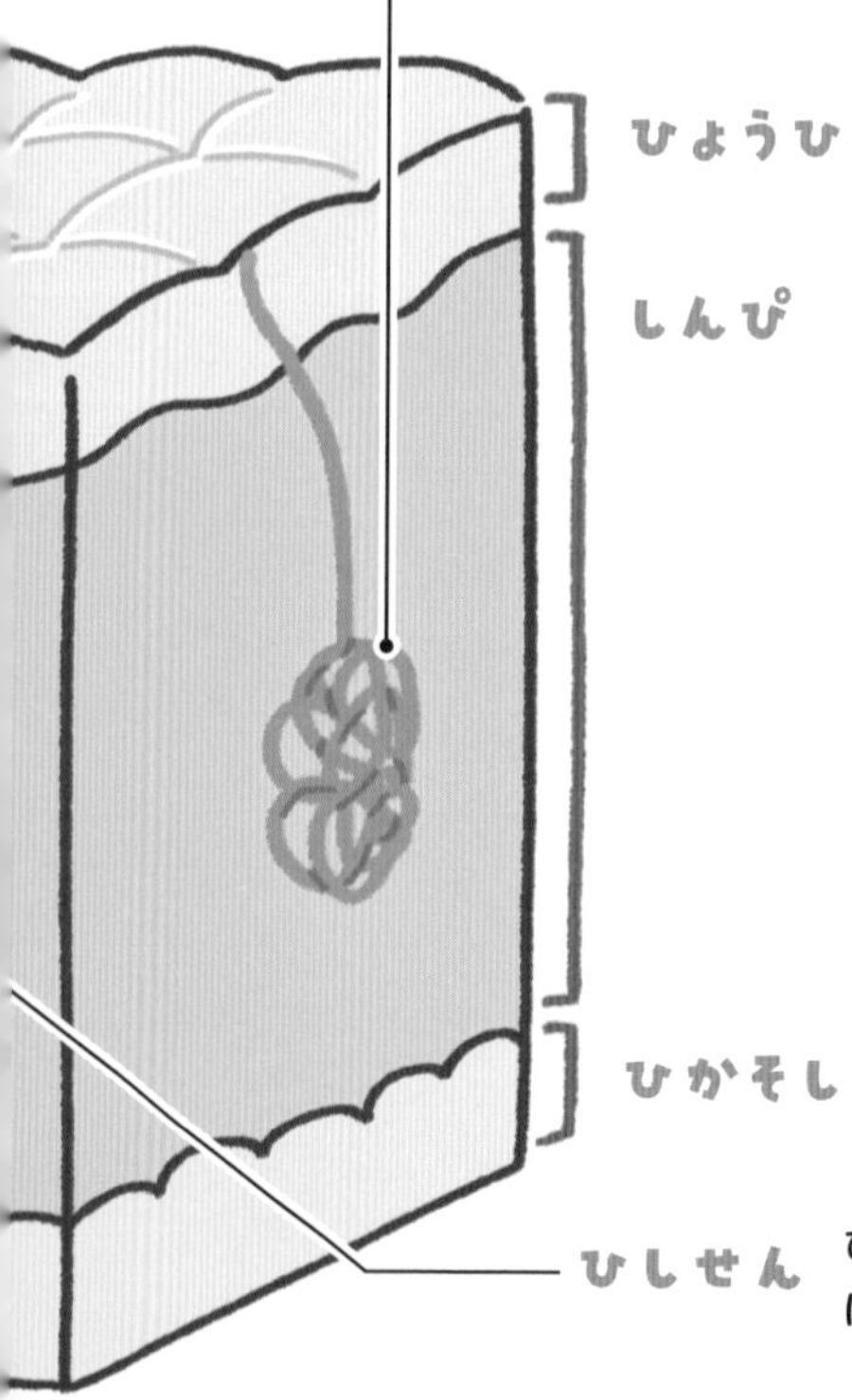

ひしせん

ひしという あぶらを 出《だ》して
はだを なめらかにしています。

にんげんの からだで いちばん 大《おお》きい ぞうき

にんげんの ひふの ひょうめんは たたみ 1じょうぶんですが、目《め》に 見《み》えないところも あわせると たたみ 15じょうぶんほども あります。

ひふの バリアきのう

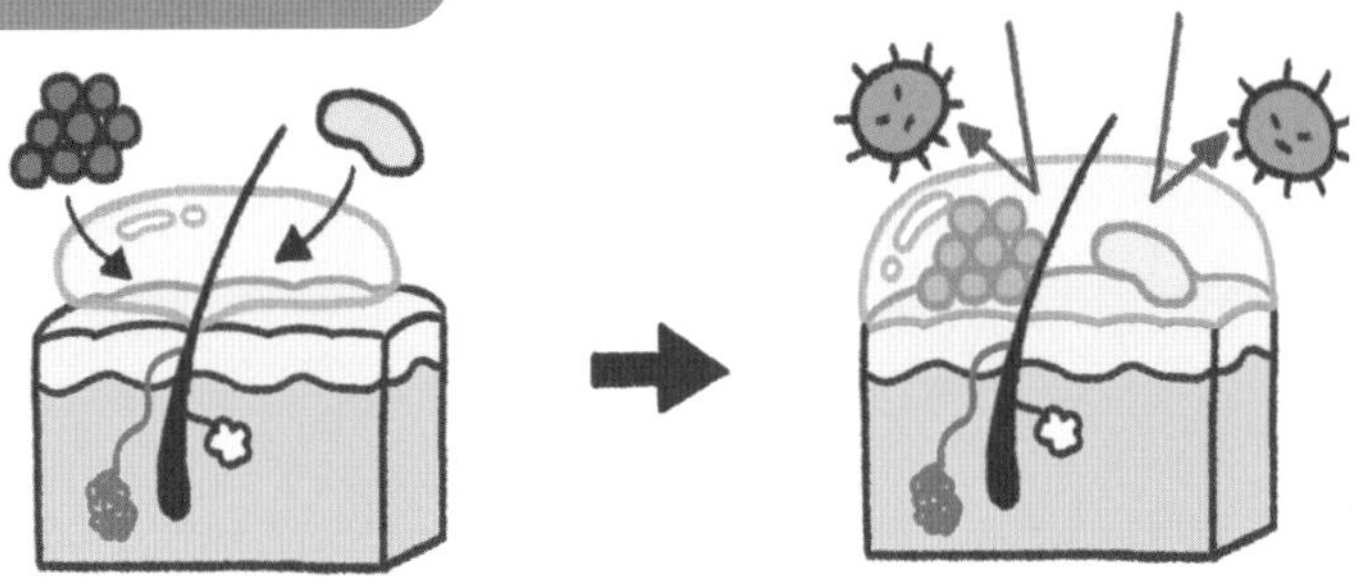

ひふの おくから あせや あぶらが 出《で》ると、アクネきんや ブドウきゅうきんが ぶんかいし、はだに まくが できます。

この まくが そとから やってくる きんを はねのけます。からだを びょうきから まもる バリアのような はたらきを します。

にんげんの ひふと そっくりな どうぶつ

ほにゅうるいで からだ中《じゅう》に エクリンせんを もつのは、じつは にんげんと ウマぐらいです。ウマも にんげんも あせを かいて、たいおんを ちょうせつしています。

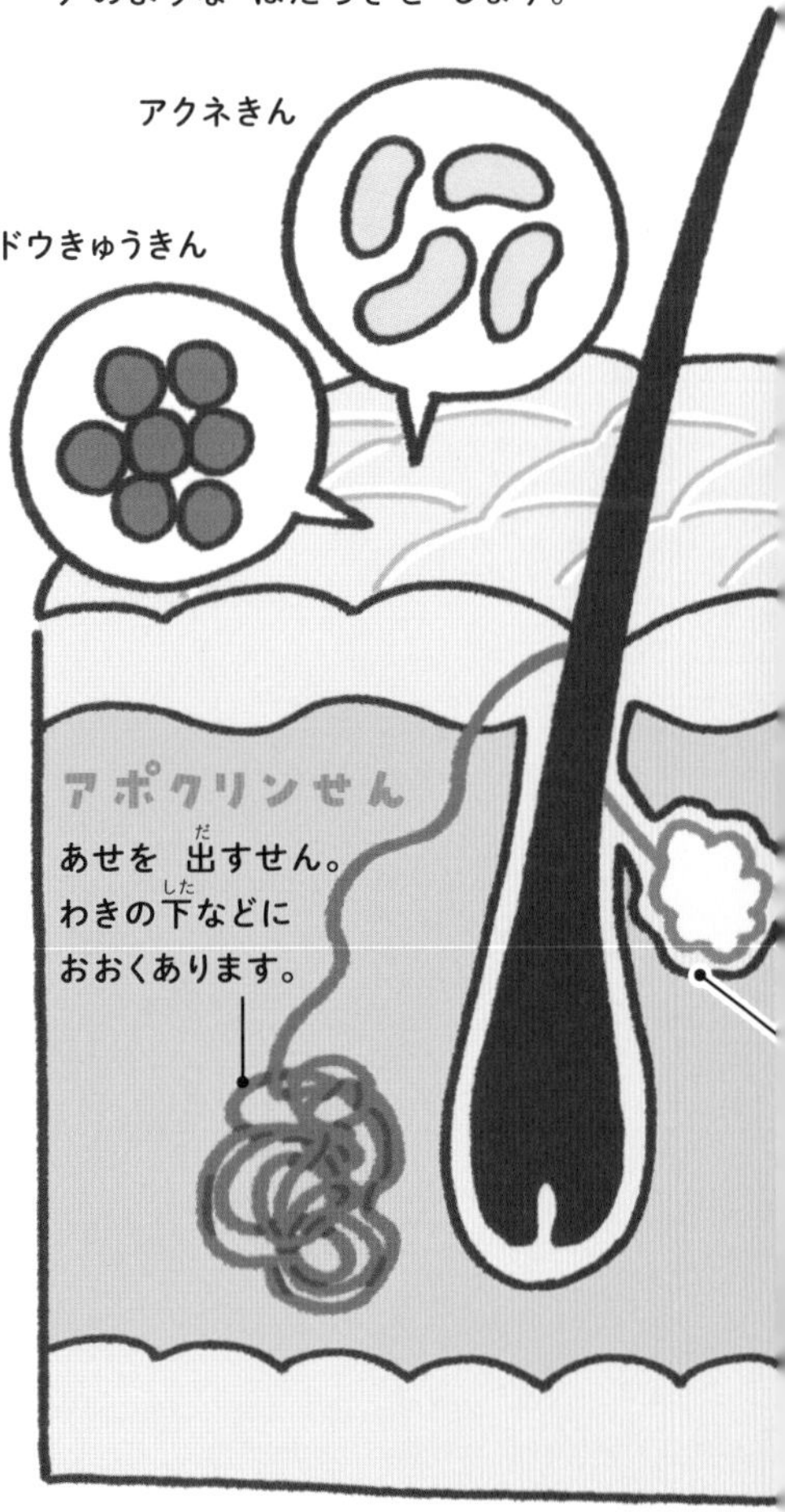
アクネきん
ブドウきゅうきん
アポクリンせん
あせを 出《だ》すせん。
わきの下《した》などに
おおくあります。

からだのおはなし

ちが　赤《あか》いのは、なぜ？

わたしたちが　げんきに　うごくためには、さんそが　ひつようです。さんそを　はこぶのが　「せっけっきゅう」という　はこびやです。

ちが　赤《あか》く　見《み》えるのは、ちの中《なか》に　赤《あか》い　せっけっきゅうが　入《はい》っているからです。

じつは、ちの　赤《あか》いろは、ずっと　おなじ　いろでは　ありません。

せっけっきゅうは、「どうみゃく」という　みちを　とおって、からだ中《じゅう》に　さんそを　とどけます。さんそを　のせた　「せっけっきゅう」

は、あざやかな　赤《あか》いろを　しています。でも、さんそを　とどけおわると、こんどは　にさんかたんそを　とりこみ、くろっぽい　赤《あか》いろに　へんしんするのです。へんしんした　せっけっきゅうは、「じょうみゃく」という　みちを　とおり、しんぞうに　かえります。

はいで　さんそを
とりいれると
せっけっきゅうが
あざやかな　赤《あか》に！
さんそをはこぶよ〜
じょうみゃく
どうみゃく
さいぼう
せっけっきゅう
ありがとう！
どうぞー

せっけっきゅうが　さいぼうに　さんそを　わたしています。

ちの いろは 赤《あか》だけじゃない!?

じつは ちの いろは、さんそを はこぶ ぶっしつに よって さまざまな いろに かわります。

赤《あか》い ち

にんげんや ネコなどの ほにゅうるいや トリなどは 赤《あか》い ちを しています。これは、せっけっきゅうが さんそを はこぶときに、「ヘモグロビン」という ぶっしつが さんそと くっついて 赤《あか》くなるからです。

青《あお》い ち

エビ、タコ、イカ、カニなどは、さんそが 「ヘモシアニン」という ぶっしつと くっついて はこばれます。ヘモシアニンは さんそと くっつくと 青《あお》くなるので 青《あお》い ちに なります。

みどりのち

ミドリチトカゲ

ミドリチトカゲは、名《な》まえのとおり　ちが　みどりいろです。ヘモグロビンの　いちぶが　ばらばらに　なって　みどりいろに　へんかしてしまったからです。

ピンクのち

シャミセンガイや　ホシムシといった　うみの　生《い》きものは、さんそが「ヘムエリスリン」に　くっつき、はこばれます。ヘムエリスリンは　さんそと　くっつくと、むらさきがかった　うすいピンクいろの　ちに　なります。

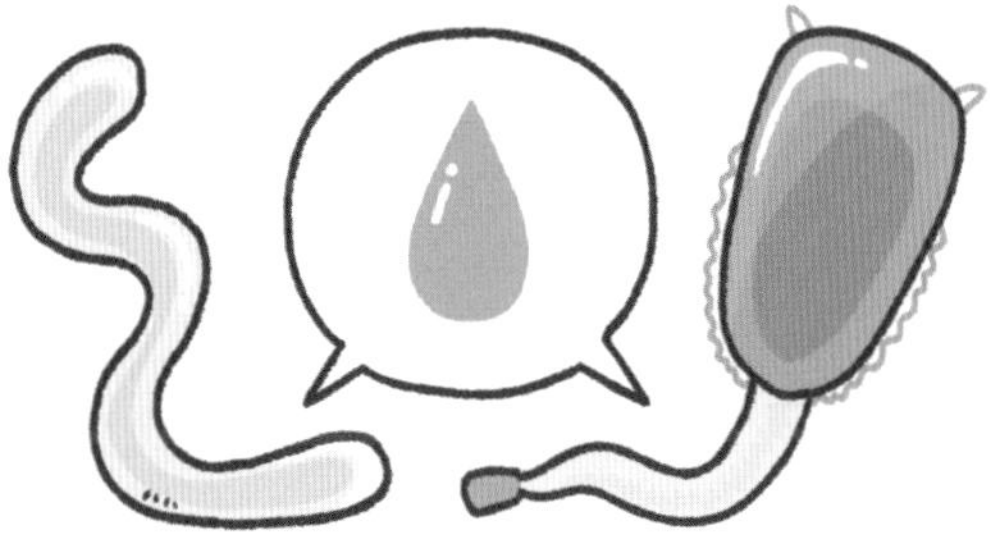

ホシムシ　シャミセンガイ

とうめいのち

ジャノメコオリウオ

ジャノメコオリウオという　さかなの　ちは、とうめいです。さんそを　ひふや　えらから　ちょくせつ　とりこむことが　できるので、ヘモグロビンを　つくる　はたらきが　なくなり、いろが　ありません。

からだの おはなし

どうして にんげんは、たまごから 生《う》まれないの？

こたえは、どうぶつの れきしに あります。おおむかしは、たまごから 生《う》まれる どうぶつが ほとんどでした。まず、カエルのように 水《みず》の中《なか》に たまごを うむ どうぶつが あらわれました。でも、そのたまごは、水《みず》が ない ところでは ひからびて 生《い》きていけません。

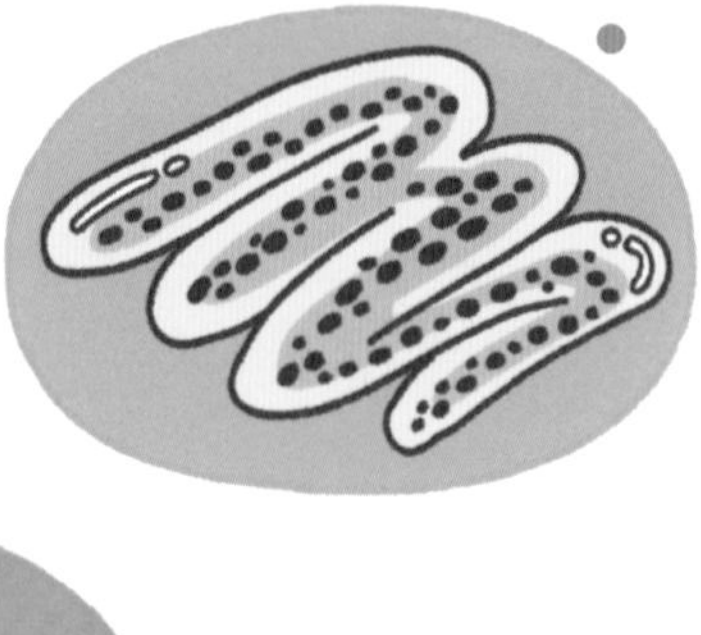

カエルや さかな

たまごから かえったら ひとりで 生《い》きていきます。生《い》きのこるのが たいへんなので、たくさんの たまごを うみます。

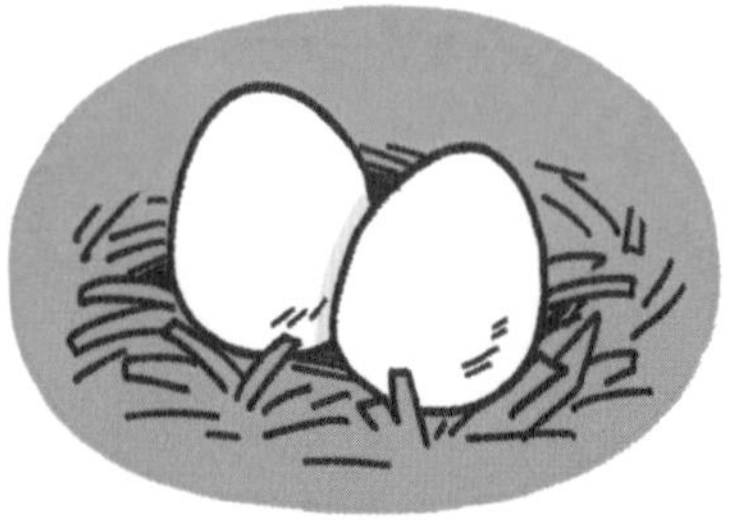

トリ

たまごから かえると、おやが せわを します。

どうぶつが　りくで　くらすようになると、からに　つつまれた　たまごを　うむようになりました。からが　あれば、かんそうから　まもることが　できたからです。ワニや　カメ、トリの　なかまなどが　そうです。

そして、たまごを　うまずに、おかあさんの　おなかの中《なか》で　赤《あか》ちゃんを　まもり、そだててから　うむ　どうぶつ「ほにゅうるい」が　あらわれました。ここから　にんげんが　しんかしたので、たまごから　にんげんは　生《う》まれないのです。

生《う》まれた　赤《あか》ちゃんは
おやが　たいせつに
せわを　して　そだてます。

にんげんや　ネコなどの
ほにゅうるい

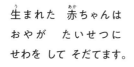

おなかの中《なか》の赤《あか》ちゃん

たまごから　生《う》まれる　生《い》きものも、にんげんの　赤《あか》ちゃんも、
はじめは　ひとつの　さいぼうから　はじまります。
おなかの中《なか》の　たまごから　赤《あか》ちゃんが　どんなふうに
大《おお》きくなるか、見《み》てみましょう。

じゅせいらん

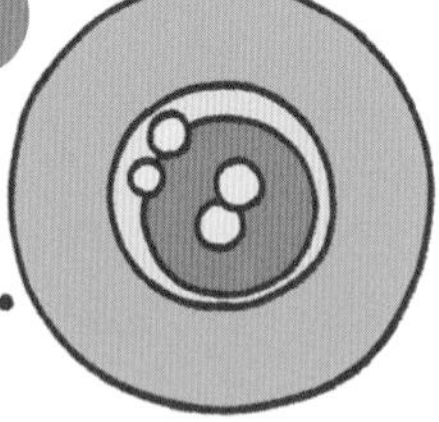

にんげんの　はじまりは　じゅせいらんという　さいぼうです。

2か月《げつ》ごろ

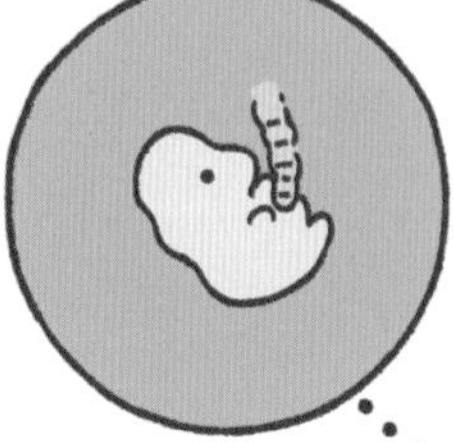

大《おお》きさは　やく12ミリメートルで、さくらんぼくらい。目《め》や　耳《みみ》が　できはじめます。

4か月《げつ》ごろ

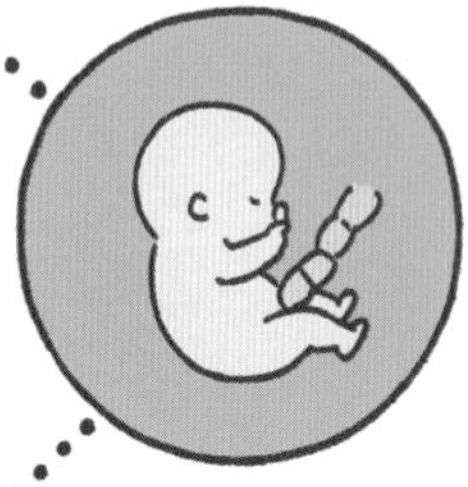

大《おお》きさは　やく16センチメートルで、レモン1こぐらい。手足《てあし》を　バタバタしはじめます。

7か月《げつ》ごろ

大《おお》きさは　やく38センチメートルで、キャベツ1こぐらい。まぶたを　ひらき、はじめて、ひかりが　わかるように　なります。

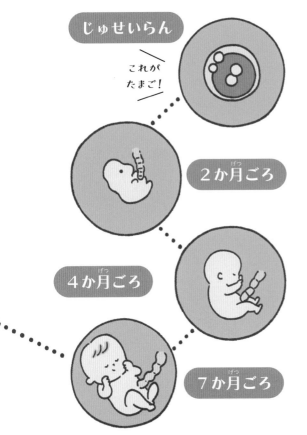

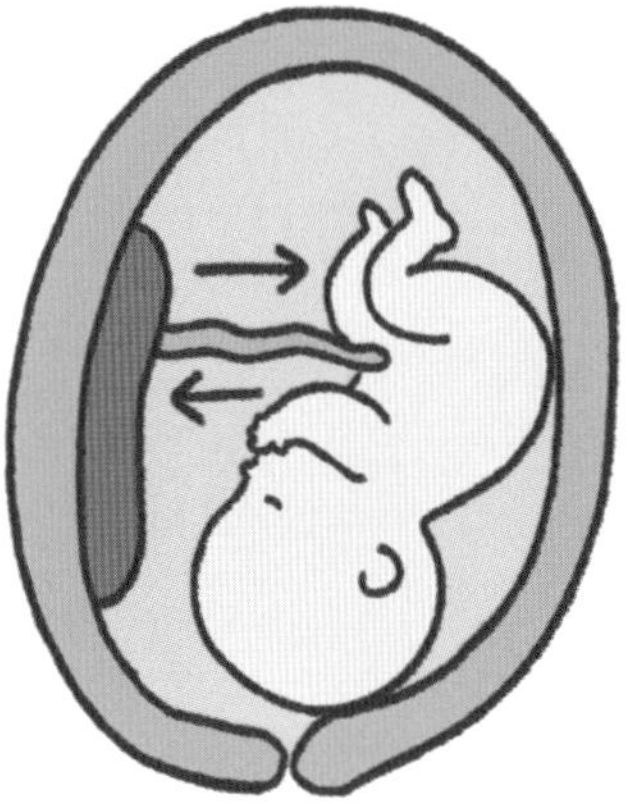

赤《あか》ちゃんは　おなかの中《なか》で　いきをしています。へそのおをつうじて　おかあさんから　さんそを　もらって、　にさんかたんそを　わたしています。

赤《あか》ちゃんは　おなかの　水《みず》を　のんで、おなかの中《なか》で　おしっこを　します。うんちは、生《う》まれたあとに　することが　おおいです。

9か月《げつ》ごろ

からだの　しくみが　ほぼできあがり、しぼうも　ついて、赤《あか》ちゃんらしい　からだに　なります。

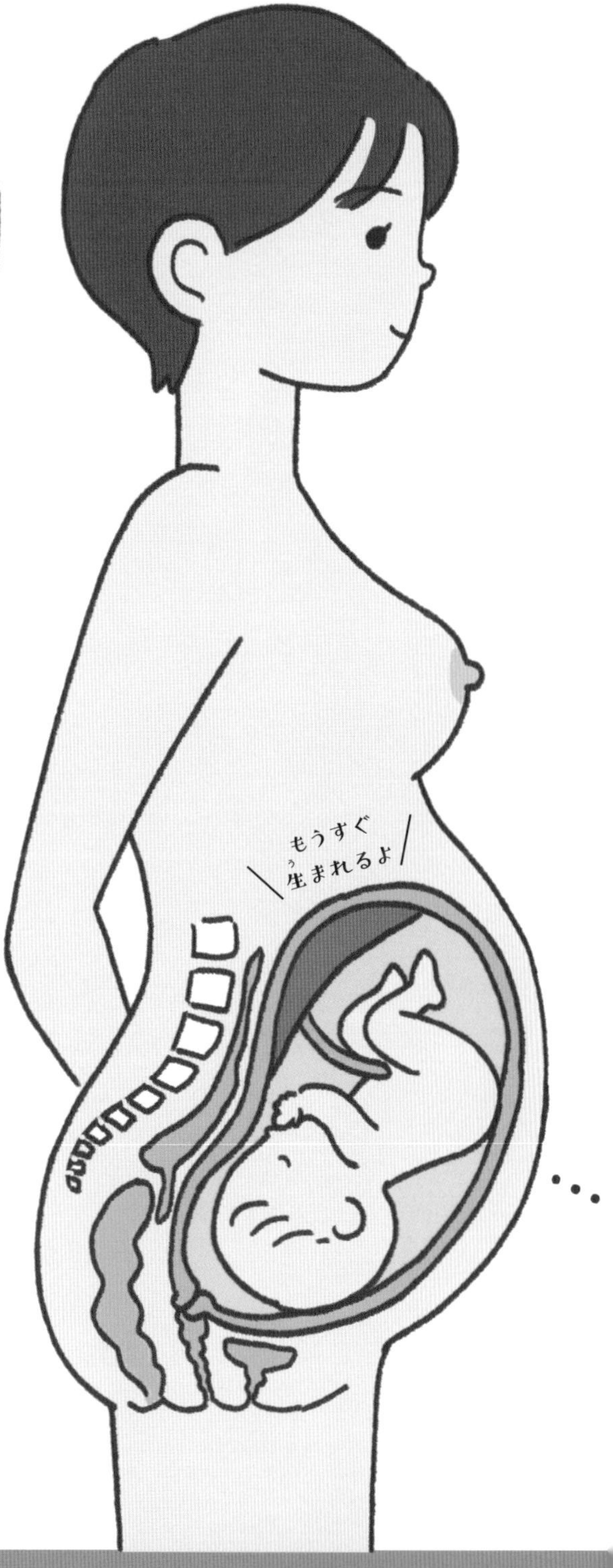

からだ の おはなし

うんどうしんけいが いいって、どういうこと？

スポーツが　とくいな　人《ひと》は、「うんどうしんけいが　いい」と　いわれます。うんどうしんけいは、のうから　きんにくに　しれいを　つたえる　しんけいで、うんどうのうりょくの　たかさを　きめるものでは　ありません。

うんどうするときは、のうの中《なか》の「だいのう」が　つぎの　うごきを　きめ、「のうかん」が　きんにくに「うごけ」という　しれいを出《だ》しています。このときに、「しょうのう」が　こまかく　ちょうせ

じつは　しょうのうが
かつやく！

いしたうえで、せきずいの中《なか》の うんどうしんけいさいぼうに しれいを つたえて います。この ちょうせいが うまくいかないと、よけいな きんにくも うごいて ぎこちなくなってしまいます。

「うんどうしんけいが いい」と いわれる 人《ひと》は、ちょうせいが すぐに うまく できているのです。

うんどうが にがてな人《ひと》も、くりかえし れんしゅうすると、ちょうせいが うまく いくように なります。

①のうが うごきを
きめて ちょうせいし
「うごけ」という
しれいを 出《だ》す。
③きんにくを
うごかして
シュート！
②せきずいの中《なか》にある うんどうしんけいさいぼうが
きんにくに 「うごけ」と つたえる。

しょうのうの おかげで できること げきじょう

うんどうを おぼえる

なんかいも れんしゅうすると しょうのうが おぼえ、かんがえなくても 正《ただ》しい やりかたで できるようになります。

がんばれ！
もうちょっとで のれそう！

なめらかに はなす

ないようを あたまに うかべると、しょうのうが 口《くち》や したの きんにくの うごかしかたを ちょうせいし、なめらかに はなしが できます。

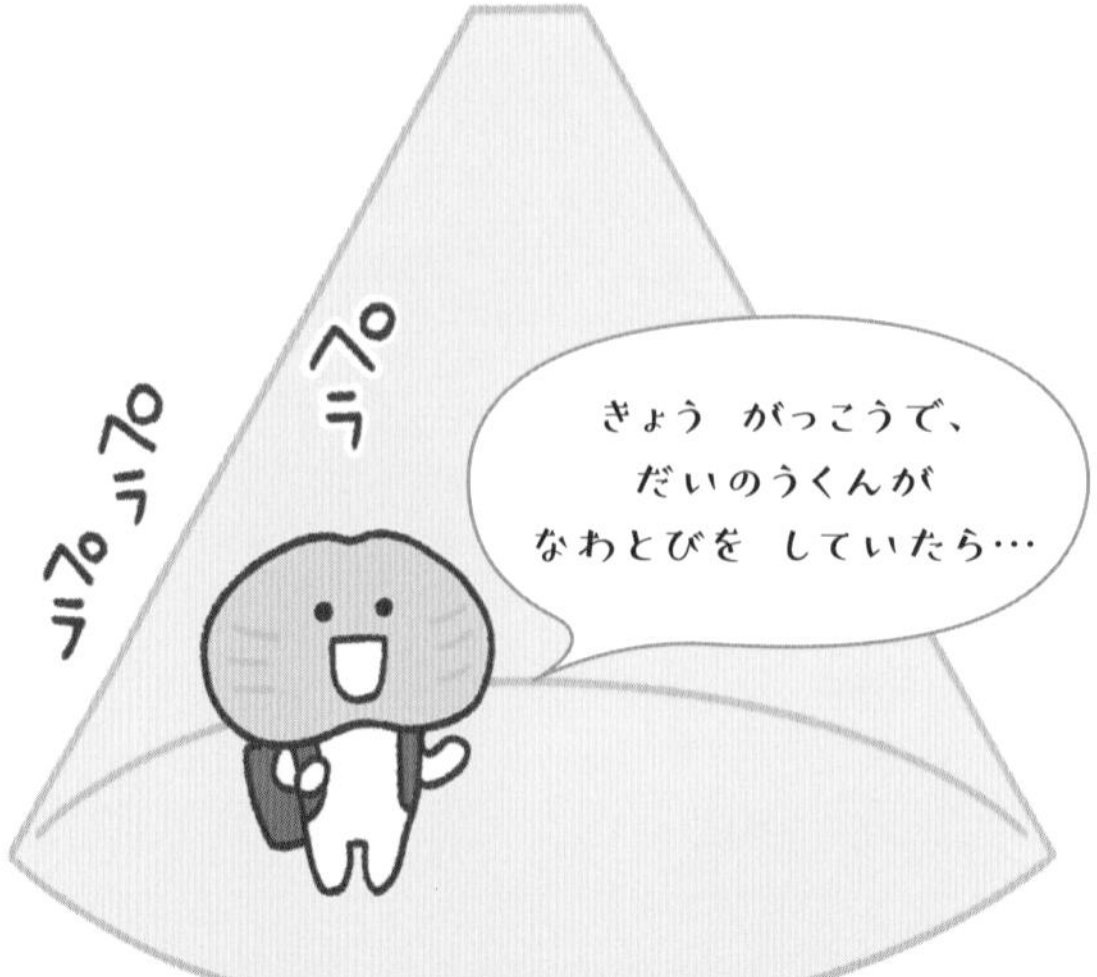
ペラ
ペラペラ
きょう がっこうで、 だいのうくんが なわとびを していたら…

からだが しぜんに うごくように、いろいろな ばめんで しょうのうが かつやく しています。

こまかい うごき

だいのうから 出《で》た うんどうの めいれいに したがって、 手足《てあし》の きんにくに しれいを 出《だ》して、こまかい うごきを ちょうせいします。

さいぼうは まかせて！
やってくれるのかい？ ありがとうね

しせいを たもつ

からだ中《じゅう》の きんにくからの じょうほうを せいりし、手《て》足《あし》や からだの きんにくを きんちょうさせて、しせいを たもちます。

よめるように せなかを まっすぐに
ピシッ

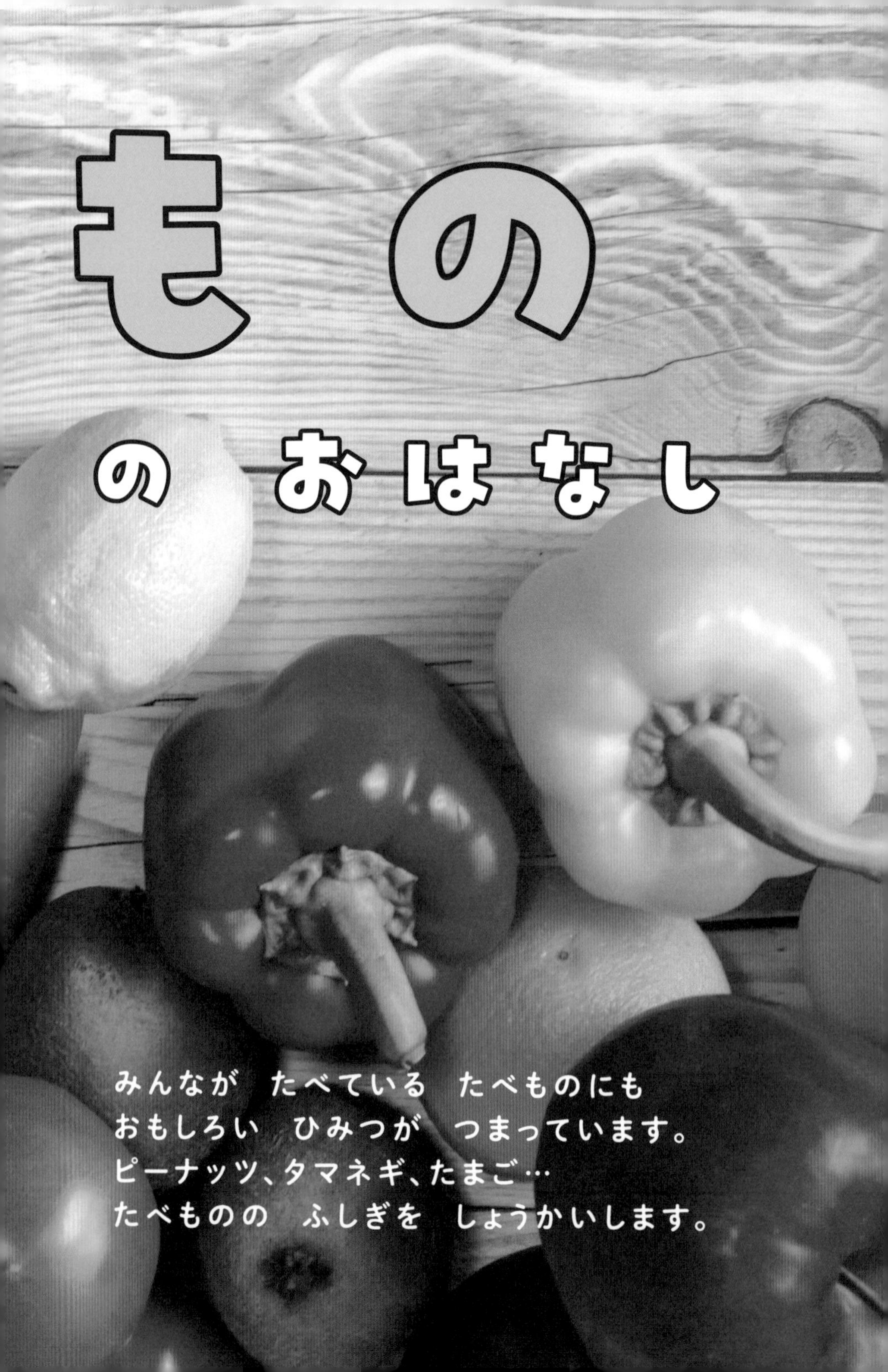

もの

の　おはなし

みんなが　たべている　たべものにも
おもしろい　ひみつが　つまっています。
ピーナッツ、タマネギ、たまご…
たべものの　ふしぎを　しょうかいします。

たべ
おもしろい とくちょうや おいしさの ひみつが いっぱい！

たべもの
の
おはなし

ピーナッツって 木《き》の みなの？

花《はな》や
つぼみを
たべる
カリフラワー
ブロッコリー
ミョウガ

ナッツは 日本《にほん》ごで「木《き》の み」という いみです。その ことばのとおり、クルミや アーモンドなどは 木《き》になる みです。

でも ピーナッツは、土《つち》の中《なか》で そだちます。しゅうかくするときは サツマイモのように ほって ひきあげます。木《き》の上《うえ》には ならないので「木《き》の み」では ありません。ただし ピーナッツの たべる

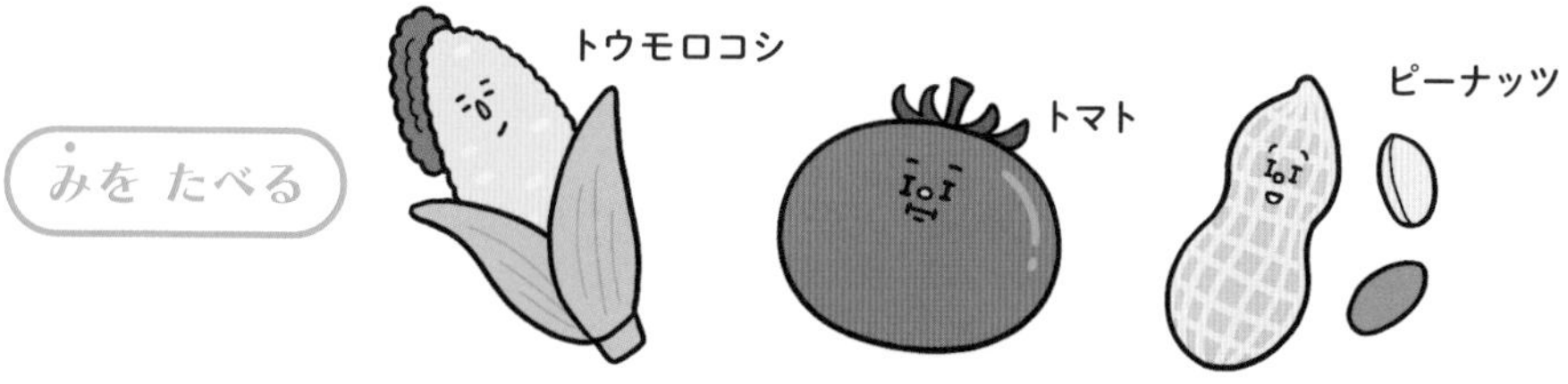
みを たべる
トウモロコシ
トマト
ピーナッツ

くきを たべる

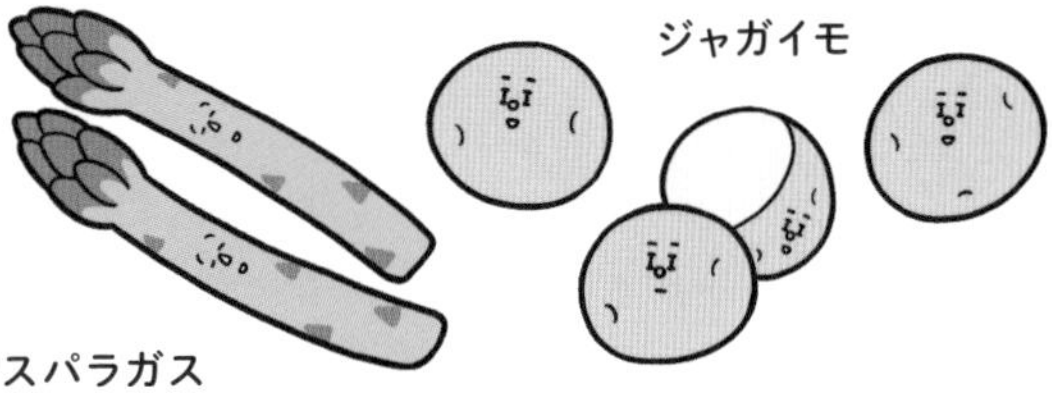

ぶぶんは、ねではなく、みの いっしゅです。
しょくぶつの からだは、ね、くき、花《はな》、みなどに わけられます。たべる ばしょは やさいに よって さまざまです。土《つち》の中《なか》に できる サツマイモは ねの ぶぶん、ジャガイモは くきの ぶぶん、タマネギは はの ぶぶんを たべています。ちじょうに できる ブロッコリーは 花《はな》の つぼみの ぶぶん、アスパラガスは くきの ぶぶん、トマトは みの ぶぶんを たべます。

はを たべる

タマネギ

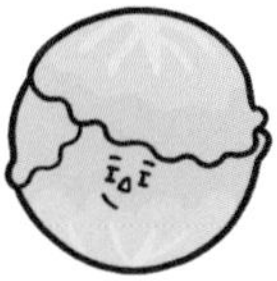
レタス

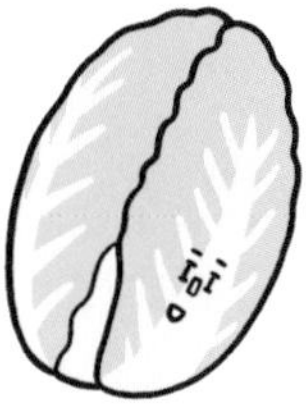
ハクサイ

ねを たべる

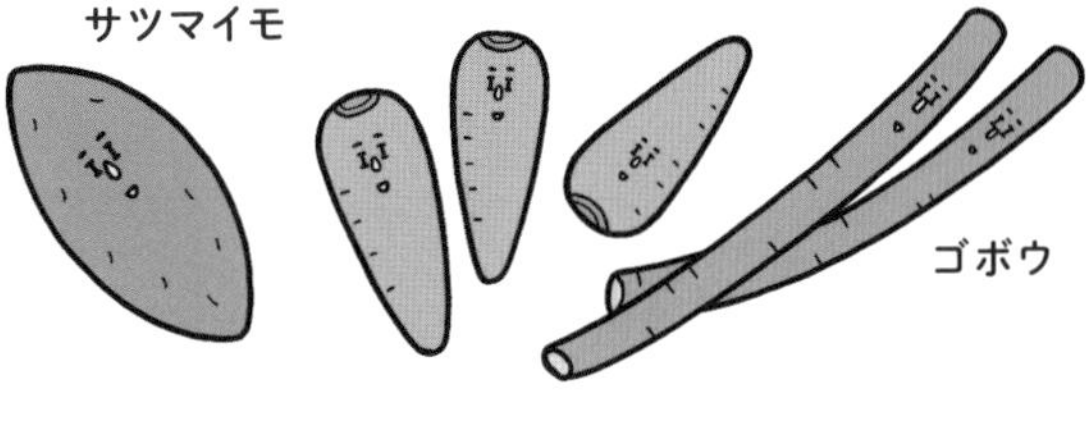

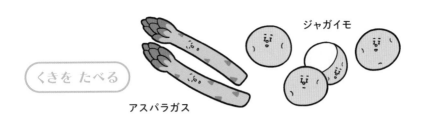

もっと くわしく ピーナッツ！

ピーナッツは みの できかたや、からの もようにも
ひみつが いっぱいです。
ピーナッツの ひみつに せまってみましょう。

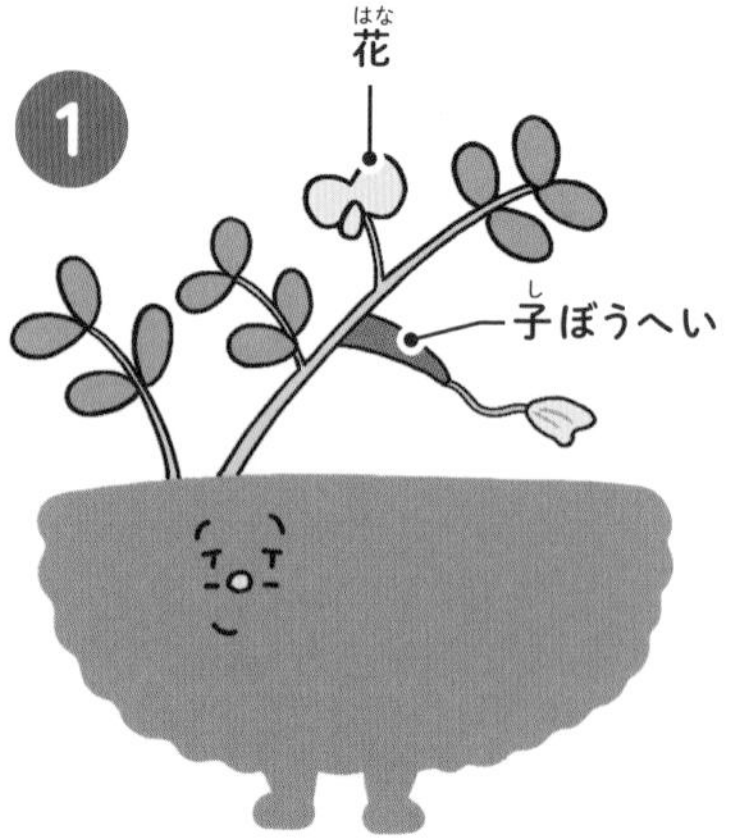

1
花《はな》
子《し》ぼうへい

どんなふうに みが なるの？

ピーナッツは、あざやかな きいろの 花《はな》が さきます。花《はな》が しおれたあと 子《し》ぼうへいと よばれる ぶぶんが のびます。子《し》ぼうへいは やがて じめんに ささり、中《なか》に もぐると、その さきに さやが みのって ピーナッツが できます。

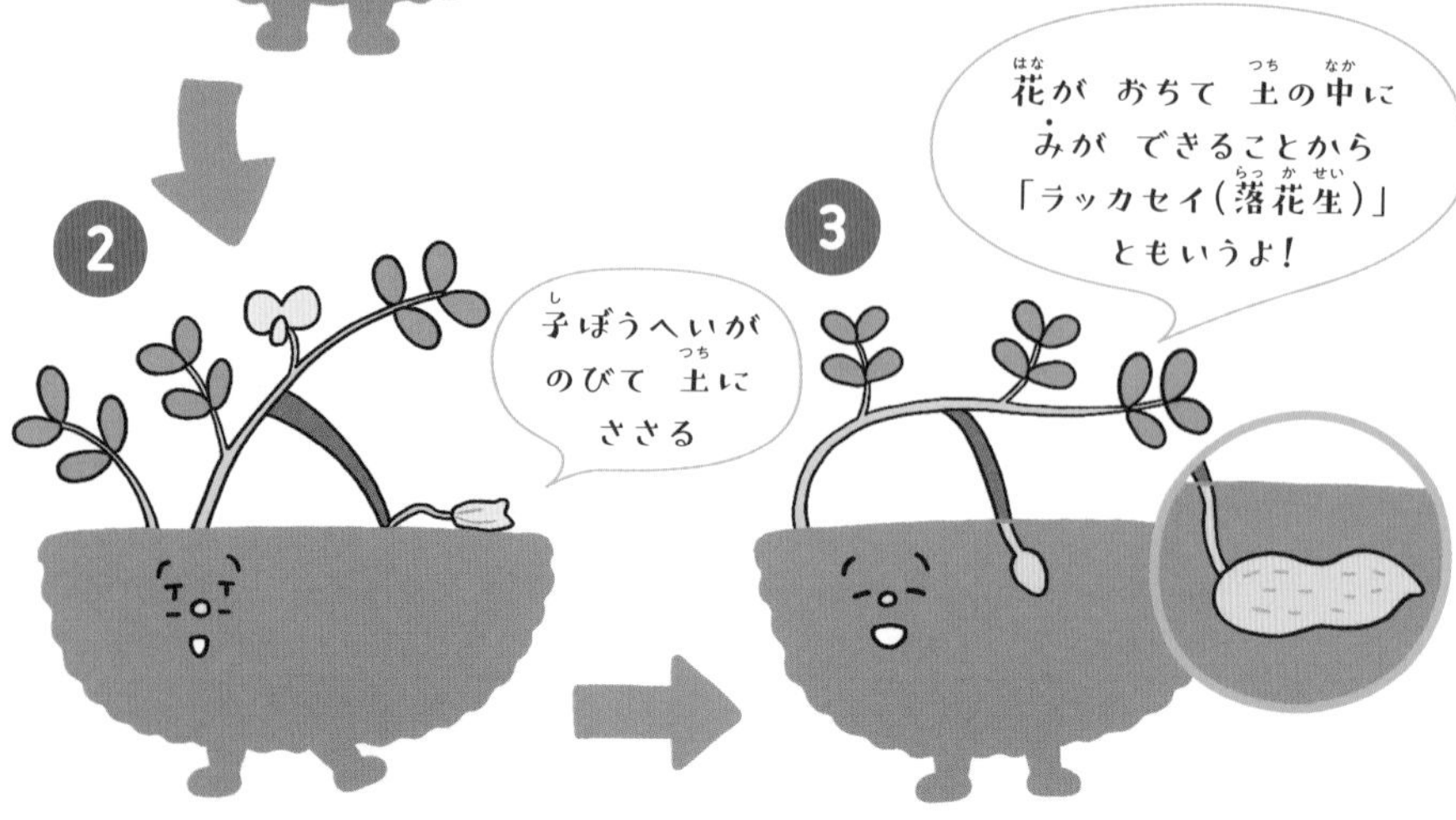

2
子《し》ぼうへいが
のびて 土《つち》に
ささる
3
花《はな》が おちて 土《つち》の 中《なか》に
みが できることから
「ラッカセイ（落花生《らっかせい》）」
ともいうよ！

この　あみめもようは
「いかんそく」と
いうよ

ピーナッツの　からの　もよう

ピーナッツの　からには　あみめの　ような　もようが　あります。このもようは、くきや　土《つち》からの　水《みず》や　えいようが　とおったみちの　あとです。

ピーナッツが　土《つち》を　たがやす!?

ねが　じめんの　ふかくまで　入《はい》りこむので、土《つち》を　たがやす　こうかが　あります。　また、センチュウと　よばれる　虫《むし》が　ふえるのを　ふせぐので、べつの　さくもつを　うえる　まえに　ピーナッツを　はたけに　うえることも　あります。

ピーナッツの　はっぱは　よるに ねて　あさ　おきる？

ラッカセイなど　マメかの　しょくぶつは、よるに　はを　とじて、あさに　ふたたび　はを　ひらく　うごきを　します。ひるは　日《ひ》ざしで　あつくなりすぎないように　むきを　ちょうせいしています。

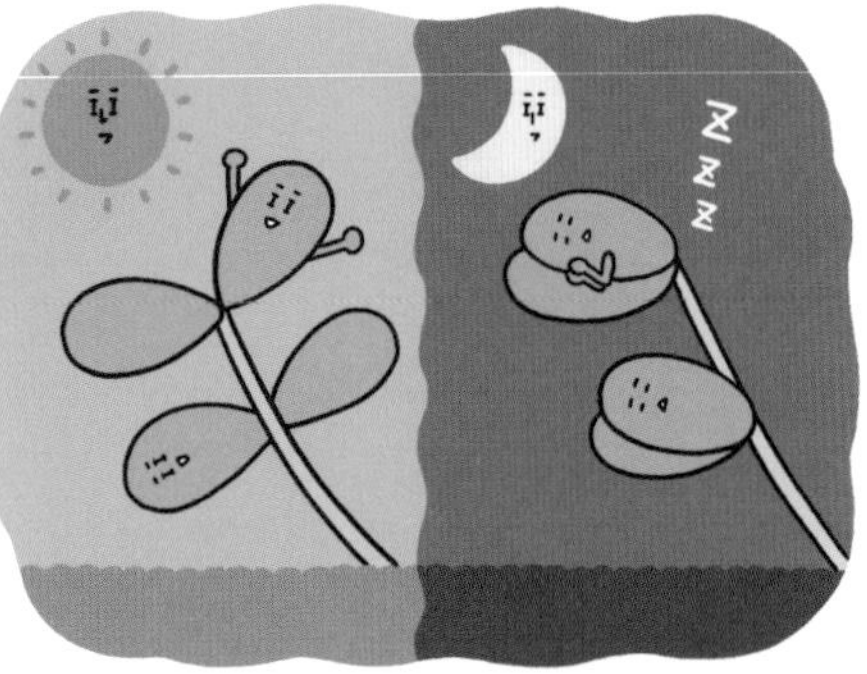

たべもの
の
おはなし

くだものは　どうやって　あまくなるの？

そだつとちゅうの　くだものは　すっぱくて　たべられません。くだものが　そだち、あまく　やわらかくなることを　「じゅくす」といいます。

ブドウや　イチゴは、しゅうかくすると　じゅくすことが　とまり、それいじょう　あまくなることは　ありません。じゅくす

はたけで　じゅくして
あまくなってから
しゅうかく！

のを まって しゅうかくします。
いっぽう、リンゴや バナナは、しゅうかくしたあとも じゅくしつづけます。これは リンゴや バナナが 出《だ》す 「エチレン」という ガスの おかげです。
くだものには かたちを たもつ 「ペクチン」という せいぶんが 入《はい》っています。エチレンは このペクチンを ばらばらにすることで やわらかくします。
こうして、あまくなった くだものが、わたしたちの もとに とどくのです。

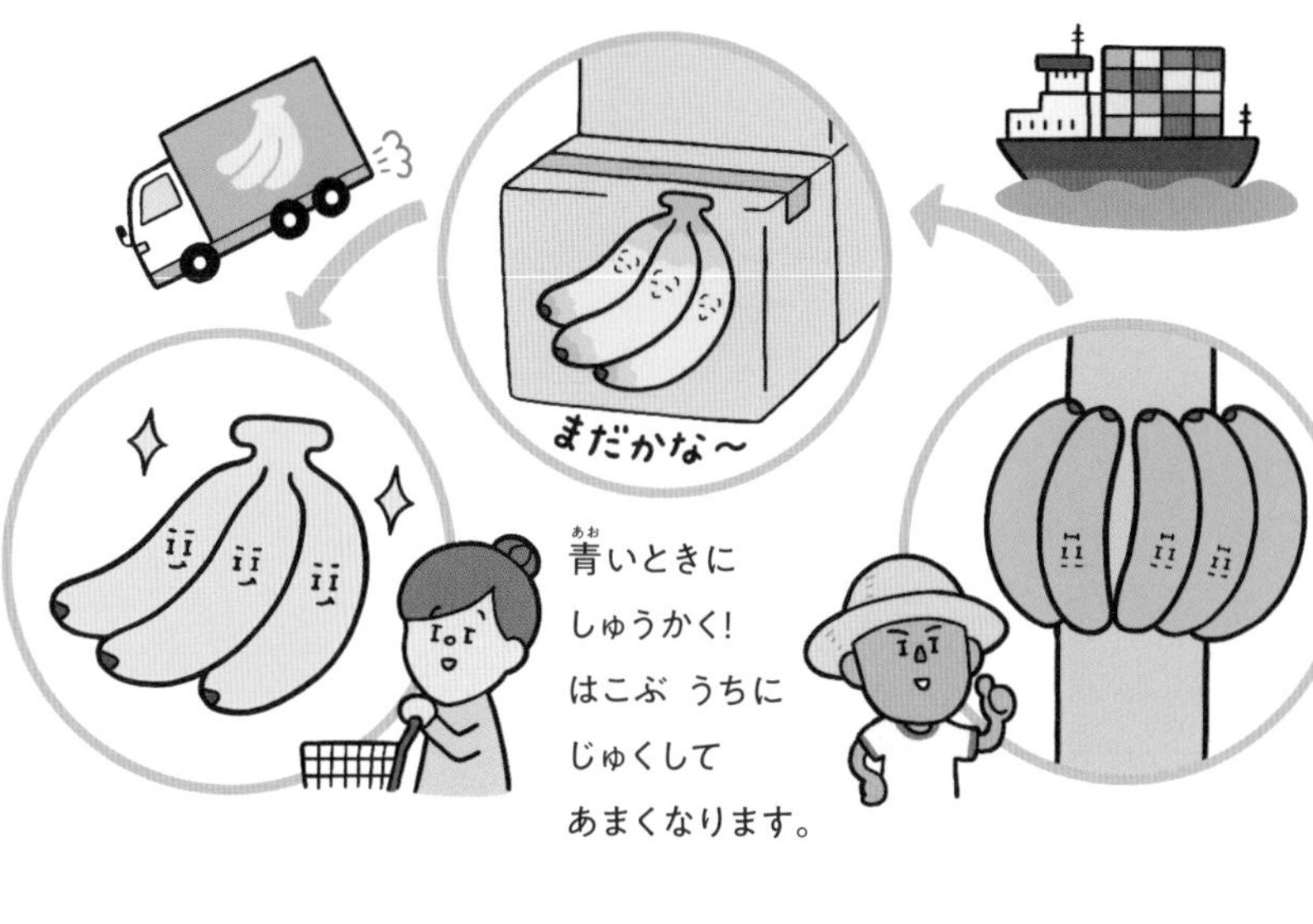
まだかな～
青《あお》いときに
しゅうかく!
はこぶ うちに
じゅくして
あまくなります。

エチレンは　こうして見《み》つかった！

くだものを　じゅくさせる　ふしぎな　ガス　「エチレン」。
じつは　とても　ふるくから　人《ひと》は　エチレンの
そんざいに　気《き》づいて　つかってきました。

エチレンはっけんものがたり

ガスとうの　ちかくの木《き》は　はやく　はが　おちる！？

200年《ねん》ほどまえから　ヨーロッパでは　ガスとうに　ちかい　木《き》だけ、はやく　はが　おちることが　しられていました。ガスとうの　ガスに　エチレンが　入《はい》っていたからです。

2000年《ねん》いじょう　まえから　つかわれていた！

こだいエジプト人《じん》は、まだ　じゅくしていない　イチジクに　ナイフで　きずを　つけると　はやく　じゅくすことを　しっていました。エチレンが　出《で》ることを　りようしていたのです。

コウスレバ
オイシクナル

ほぞんのときに ちゅういしよう

きった やさいを そのままに する

やさいの きり口《くち》からは エチレンが 出《で》て やさいが いたみやすくなります。ラップや ポリぶくろで きり口《くち》を ぴったりと おおいましょう。

リンゴと バナナを いっしょに ほぞん

エチレンを たくさん 出《だ》す リンゴと いっしょに おくと バナナは はやく じゅくし、いたむのも はやくなります。

しゅうかくした リンゴから エチレンが！

リンゴが ほかの くだものを じゅくさせることは しられていましたが、1934年《ねん》に エチレンが 出《で》ていることが たしかめられました。

なんか出《で》てる！

エンドウの じっけんから エチレンを はっけん！

1901年《ねん》、ロシアで エンドウの じっけん中《ちゅう》に、エチレンガスが はっけんされました。エチレンが こくなると、エンドウが そだちにくくなったのです。

エチレンが こいと、そだちにくく よこに のびる！
うすい
こい

たべもの
の
おはなし

タマネギを きると どうして なみだが 出《で》るの？

タマネギの中《なか》に できる「りゅうかアリル」という せいぶんの せいです。タマネギを きると、タマネギの中《なか》に りゅうかアリルが つくられます。それが 空《くう》気《き》中《ちゅう》に とけて、わたしたちの からだの ねんまくを しげきします。すると、のうが 目《め》や はなの ねんまくを

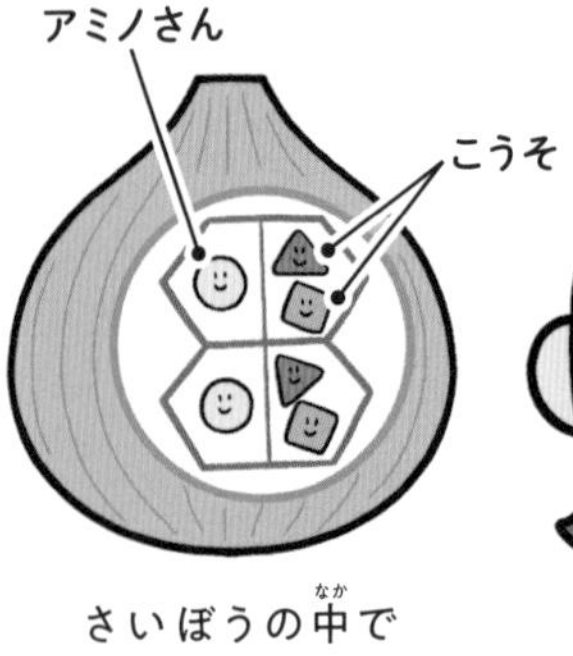

さいぼうの中《なか》で
「アミノさん」と
2つの 「こうそ」
が わかれている。

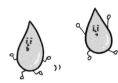

あらい　ながすように　しれいを　出《だ》します。それで　なみだや　はな水《みず》が　出《で》るのです。

なみだが　出《で》るのは、からだを　しげきから　まもるための「ぼうぎょはんのう」なのです。

ねつを　くわえると　りゅうかアリルは　こわれてしまうので、ゆでた　タマネギは　きっても　なみだが　出《で》ません。また、水《みず》に　とけやすいので、水《みず》に　つけておくと　なみだが　出《で》にくくなります。

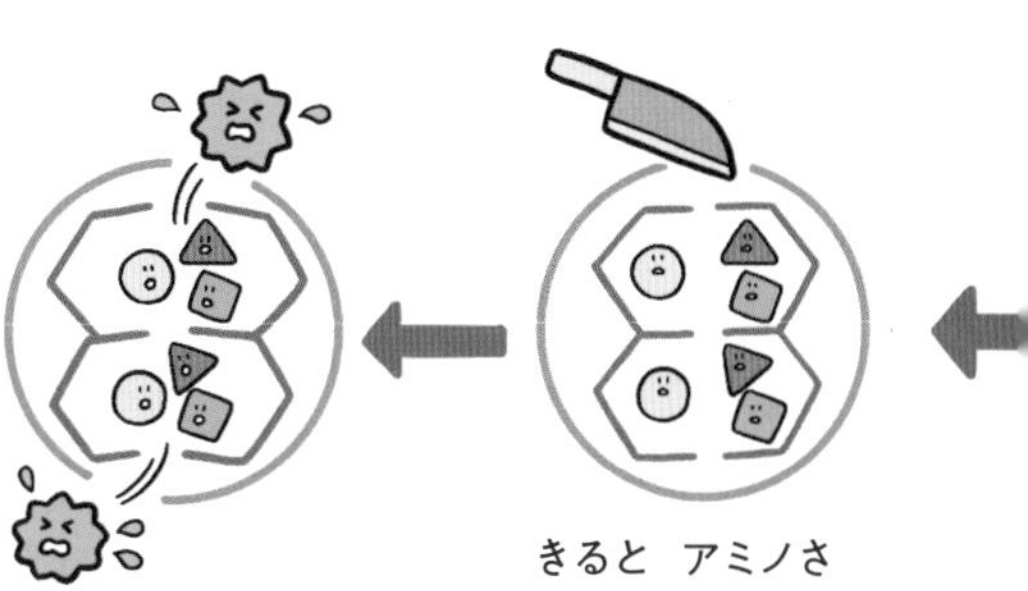

きると　アミノさんと　2つの　こうそが　であう。

であったことで、りゅうかアリルが　はっせい。

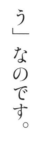

きるとき なみだが 出《で》ちゃう やさい

きったり 生《なま》で かじったりしたときに なみだが 出《で》る やさいを 下《した》に ならべてみました。どれも ネギぞくの やさいです。

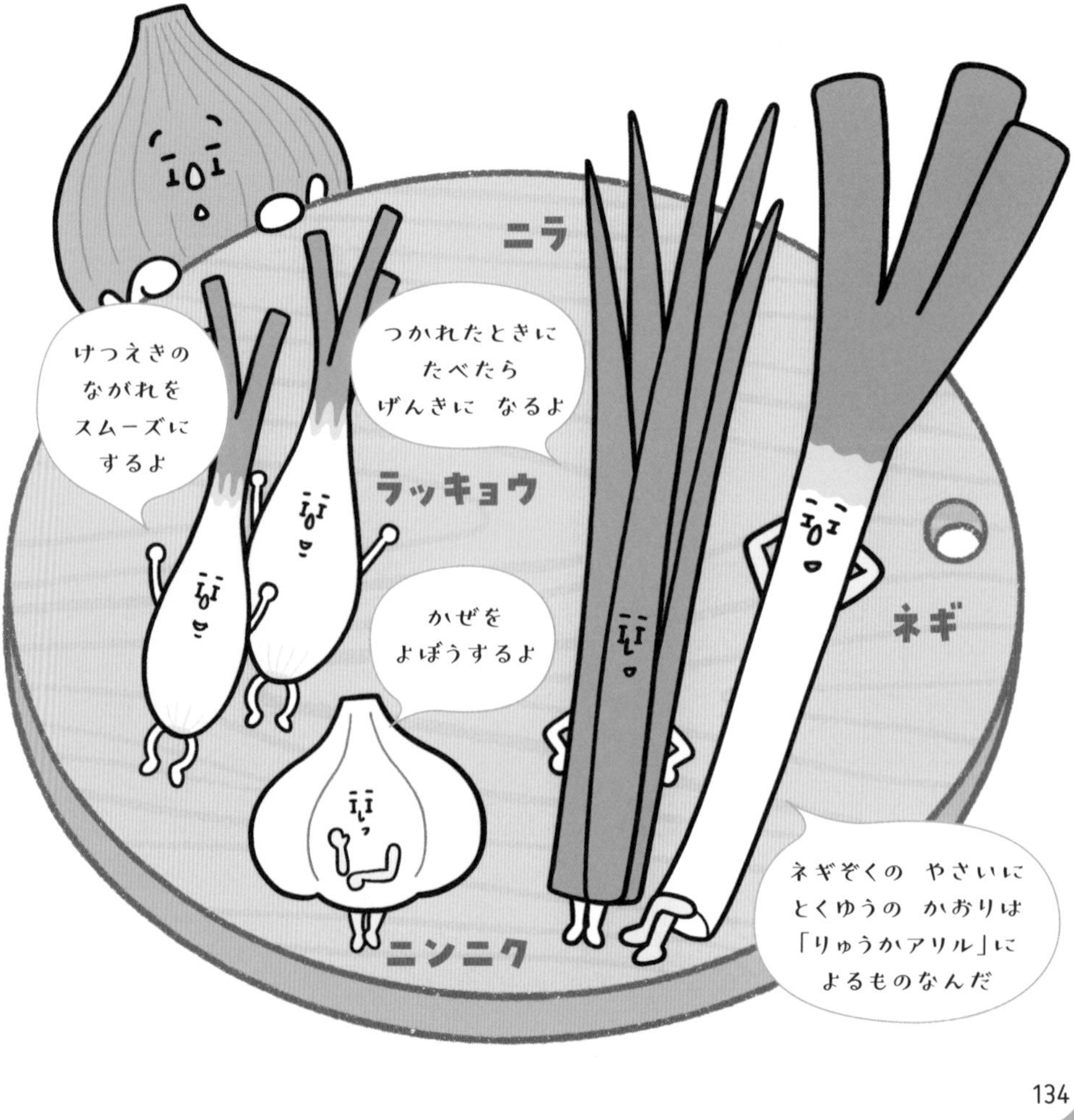
ニラ
けつえきの ながれを スムーズに するよ
つかれたときに たべたら げんきに なるよ
ラッキョウ
かぜを よぼうするよ
ネギ
ニンニク
ネギぞくの やさいに とくゆうの かおりは 「りゅうかアリル」に よるものなんだ

やってみよう！

なみだを 出《だ》さずに タマネギを きってみよう！

おうちの 人《ひと》と いっしょに
3つの きりかたに ちょうせん しましょう。

ようい するもの タマネギ、ラップ、水《みず》、ボウル、ほうちょう、まないた、ゴーグル

1 かわを むいた
じょうたいで ラップをまき、
れいぞうこで 1じかん
ひやして から きる。

MILK

2 10ぷんほど 水《みず》に
さらしてから きる。

りゅうかアリルは
水《みず》に とけやすいんだ

3 ゴーグルを
してから きる。

よく きれる
ぼうちょうを
つかうのも いいよ

たべもの
の
おはなし

たまごは なぜ 白《しろ》みと きみに わかれているの？

たまごの きみを よく 見《み》ると、小《ちい》さな 白《しろ》い てんが 見《み》えるでしょう。これは「はいばん」といって、せいちょうすると ヒヨコになる ぶぶんです。きいろい きみが ヒヨコになる わけでは ありません。きみと 白《しろ》みは、どちらも はいばんが 大《おお》きくなるための えいようです。

えいようが たっぷり ふくまれた きみは、ヒヨコが 生《う》まれたあとも ヒヨコの おなかの中《なか》に しばらく のこります。生《う》まれてす

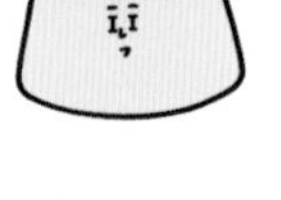

ぐは ごはんが たべられないので、その あいだに たべる おべんとうのようなものだと かんがえられています。

白《しろ》みは ほとんどが 水《みず》です。ぶよぶよとした 白《しろ》みは えいようになるとともに、クッションのように はいばんを まもるやくわりも します。白《しろ》みには びせいぶつが 入《はい》るのを ふせぐ せいぶんもふくまれていて、はいばんを まもっています。

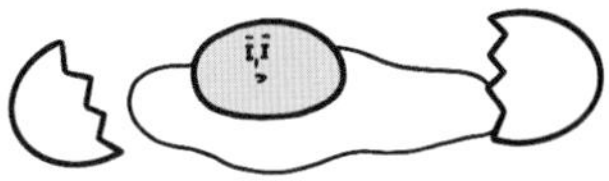

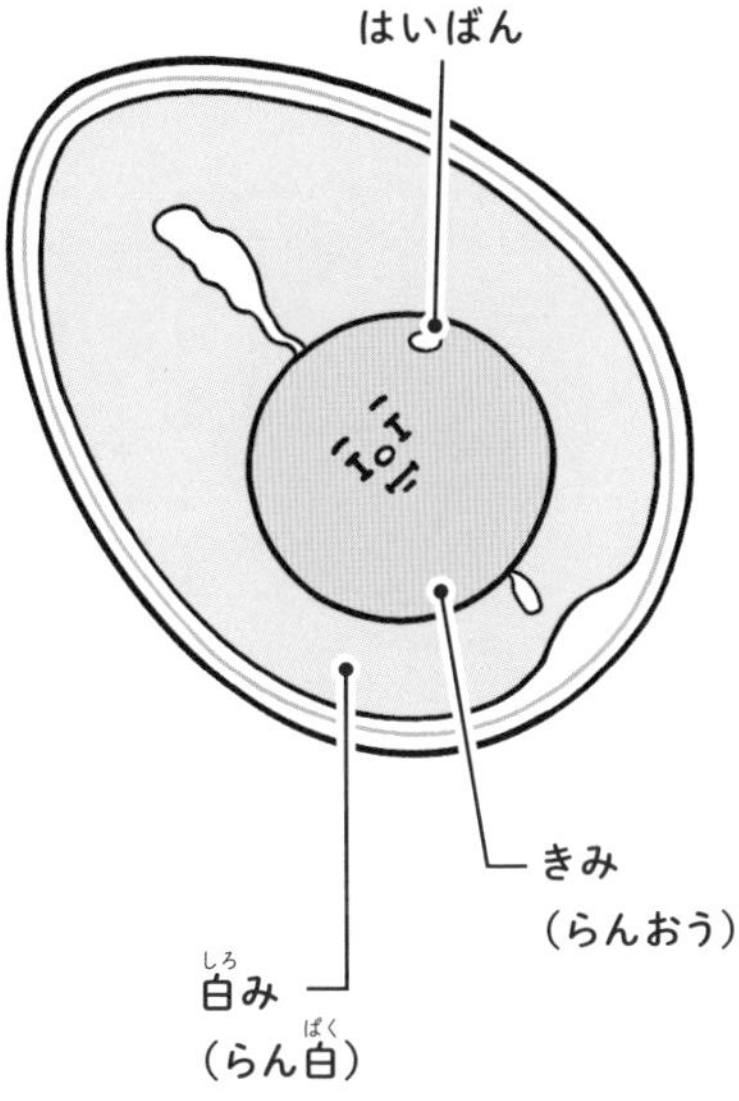
はいばん
きみ（らんおう）
白《しろ》み（らん白《ぱく》）

ねつで 白《しろ》くなるよ
えいよう たっぷり！

えいよう じまん 大《たい》かいを ひらいたよ！

にくや ぎゅうにゅう、レバー、たまごが えいようの じまんを はじめたようです。なにに きく えいようか はなしを きいてみましょう。

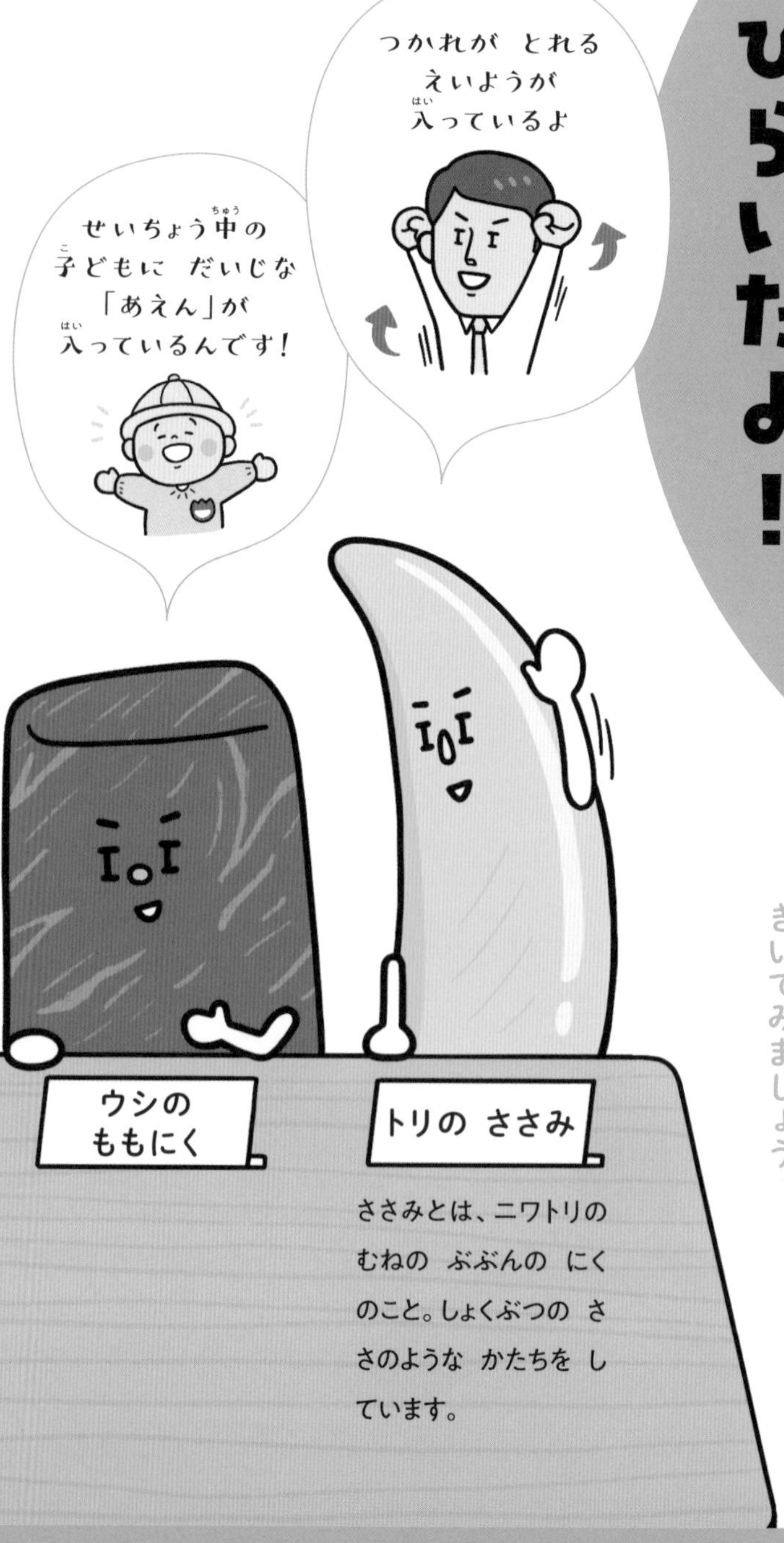

つかれが とれる えいようが 入《はい》っているよ
せいちょう中《ちゅう》の 子《こ》どもに だいじな 「あえん」が 入《はい》っているんです！
ウシの ももにく
トリの ささみ
ささみとは、ニワトリの むねの ぶぶんの にくの こと。しょくぶつの ささのような かたちを しています。

だい88かい

えいようを かたる かい

けっかんや
きんにくを つくるのに
ひつような
「たんぱくしつ」が
入《はい》っているよ
「ビタミンA《エー》」が
入《はい》っていて、
目《め》や ひふを
じょうぶに しますわ
ほねや はを
つくるのに だいじな
「カルシウム」が
入《はい》っているのさ
MILK
トリの たまご
ブタの レバー
ぎゅうにゅう

レバーとは、かんぞうの こと。ニワトリやウシの レバーも よくたべられます。

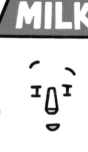

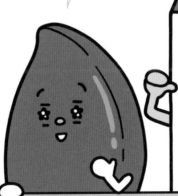

たべもの の おはなし

おかしを たべはじめると とまらなくなるのは なぜ？

チョコレート、ポテトチップス、グミ……。大《だい》すきな おかしを たべると、おいしくて しあわせな きもちに なりますね。じつは この きもちには のうが かかわって います。のうが「ここちいい」から「もっと たべたい」と すすめるので、ひつようないのに おかしを たべつづけて しまうのです。

ただし、この のうの はたらきは、スポーツをして ほめられたり テストで よい てんすうを とったりしたときに

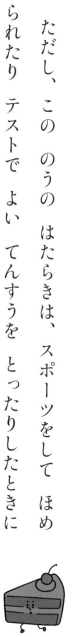

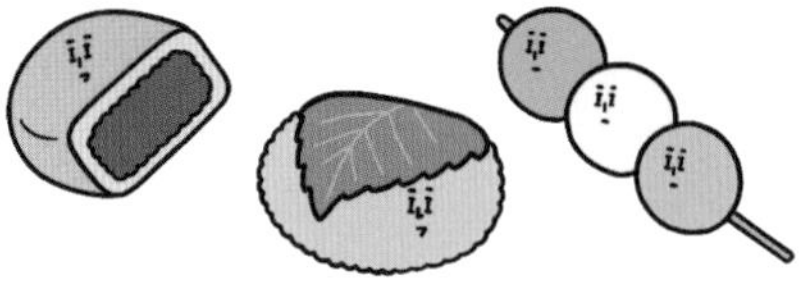

「やった」と おもう きもちと おなじです。のうが ここちよく かんじ、のうが 「もっと やろう」と すすめるので、うんどうや べんきょうを がんばって つづけられるのです。

のうとは うまく つきあいたいですね。

おかしを たべると…

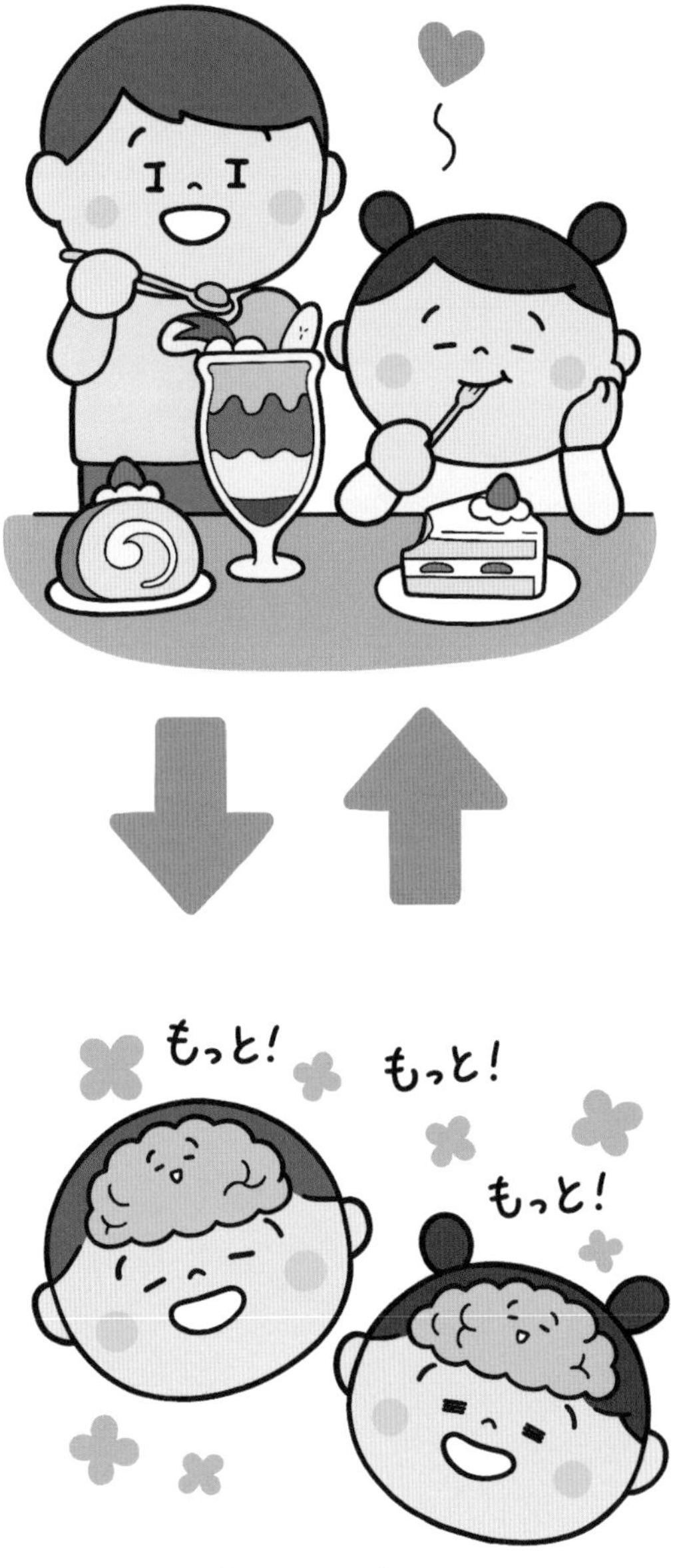

のうが「ここちいい」と かんじて、
もっと たべたくなります。

のうは からだと おしゃべり している！

のうは からだに たくさん はたらきかけます。とくに おなかにある「ちょう」とは、じょうほうを やりとりすることで からだぜんたいの ちょうしを ととのえています。

のう
ちょうに つたえる
これから たべるからね
ちゃんと しょうかしてね。たべものの えいようを とるんだよ
そうじも しっかりね！

ちょうは だい二《に》の のう

ちょうが たべもので しげきされると、のうに つたわって たべたい 気《き》もちが おさえられます。おなかの ちょうしが わるいときは、それが のうまで つたわって 気《き》ぶんも おちこんでしまいます。

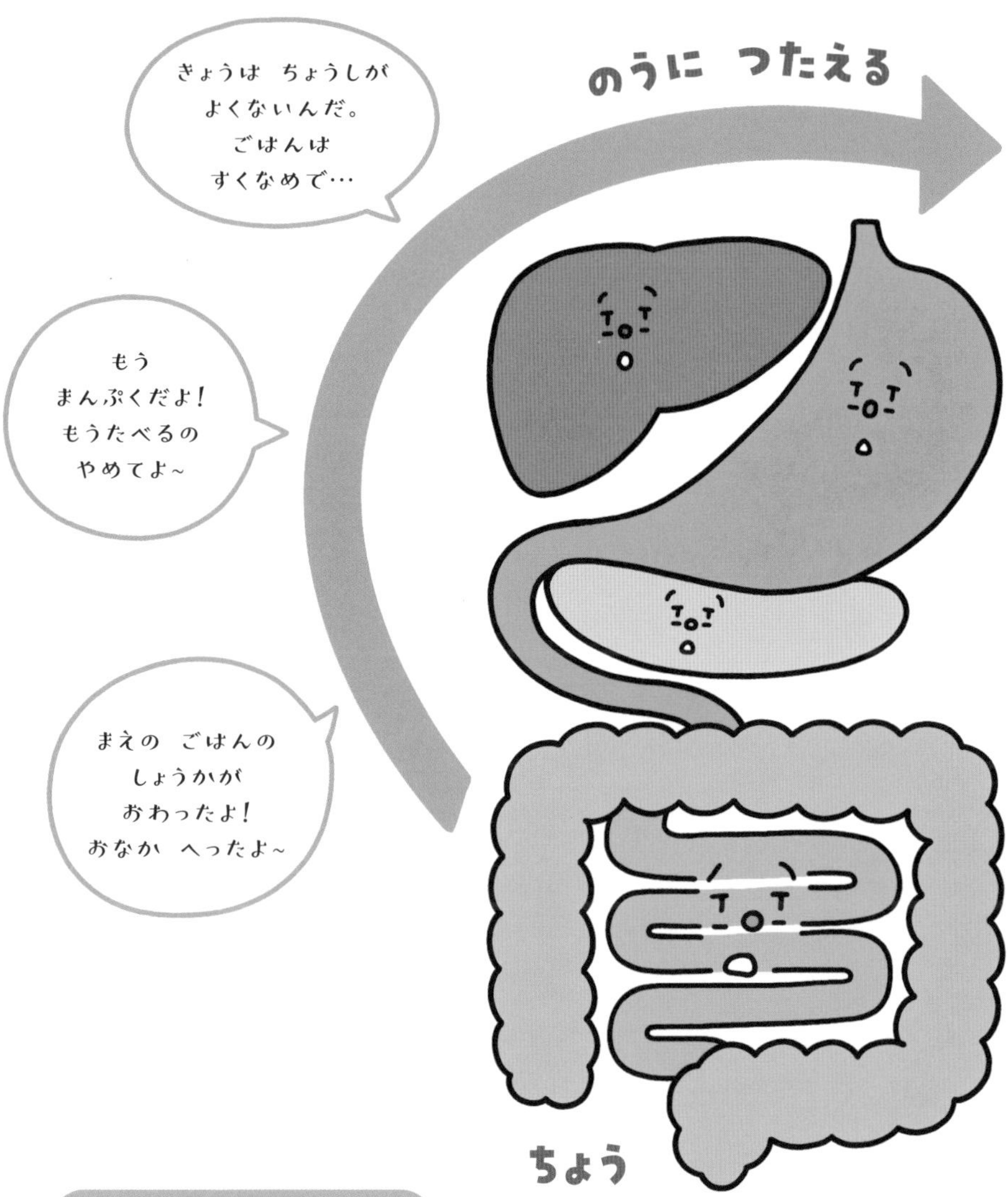
きょうは ちょうしが よくないんだ。 ごはんは すくなめで…
もう まんぷくだよ！ もうたべるの やめてよ～
まえの ごはんの しょうかが おわったよ！ おなか へったよ～
のうに つたえる
ちょう

はやぐいを すると…

「おなかが いっぱい」という じょうほうを ちょうから のうに つたえるまでには、じかんが かかります。ですからはやぐいすると、おなかが いっぱいなのに のうが 気《き》づかず、たべすぎてしまいます。

たべもの
の
おはなし

なぜ おとなは おすしに ワサビを 入《い》れるの？

ぴりっとした あじの ワサビは、においを けしたり、しょくちゅうどくを おこす きんを やっつけたりする こうかが あります。おすしは 生《なま》の さかなや 貝《かい》を つかうので、ワサビを 入《い》れています。

むかしの 人《ひと》は、けいけんから その こうかを しっていたようです。えどじだいには すでに ワサビを つけた にぎりずしが うまれ、ブームとなっていました。

子《こ》どもは、ワサビの　からくて　にがみのある　あじを「きけんなたべもの」と　かんじます。それで、ワサビのような　しげきのある　あじは、にがてです。けれども　さまざまな　ものを　たべていくなかで、にがい　ものや　からい　ものが　きけんでは　ないと　まなんで　いきます。ワサビの　あじにも　なれて　いきます。このため　おとなに　なると、ワサビを　おいしく　かんじる人《ひと》が　ふえるのです。

子《こ》どもは　ワサビの　あじを　きけんな
ものだと　はんだんしています。

おとなに　なると　ワサビの　あじに
なれ、おいしさが　わかるようになります。

かけると おいしく なる！ ふしぎな スパイス

こしょう

ねったいに そだつ、
つるで のびる しょくぶつです。ブドウの ふさの ように なる みを つかいます。
ぴりっとした からさが とくちょうです。

バニラ

ねったいに そだつ ランのなかまで、つるで のびる しょくぶつです。さやの中《なか》に 小《ちい》さな たねが びっしり 入《はい》っています。その さやごと はっこうさせて つかいます。

ターメリック

ねったいアジアに そだつ しょうがのなかまです。土《つち》の中《なか》に のびる くきを つかいます。土《つち》くさい かおりで カレーや たくあんの きいろの もとです。

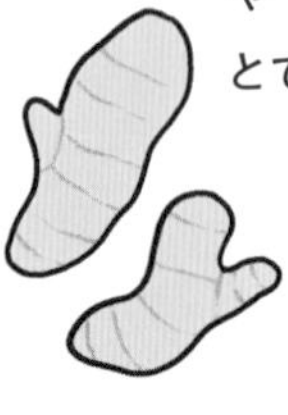

ワサビは しょくぶつから つくられる スパイスの ひとつ。しげきてきな あじや かおりが あって、たべものに あじや ふうみを つける ための ものです。

ミイラの ほぞんりょう
にも クミンが
つかわれて いたよ！

クミン

たかさが 30センチメートルほどになる、セリの なかまの 草《くさ》です。小《ちい》さな 花《はな》を たくさんつけ みを つかいます。こだいエジプトでも つかわれていた ふるくから ある スパイスです。

ワサビ

日本《にほん》生《う》まれの アブラナの なかまの 草《くさ》です。すずしくて きれいな 水《みず》が ある ばしょで そだちます。ごつごつした ふとい つつじょうの くきを つかいます。

しょうが

もともと ねったいの しょくぶつですが、 日本《にほん》でも 2600年《ねん》いじょうまえから そだてられています。土《つち》の中《なか》に のびる くきを つかいます。体《からだ》を あたためる こうかが あります。

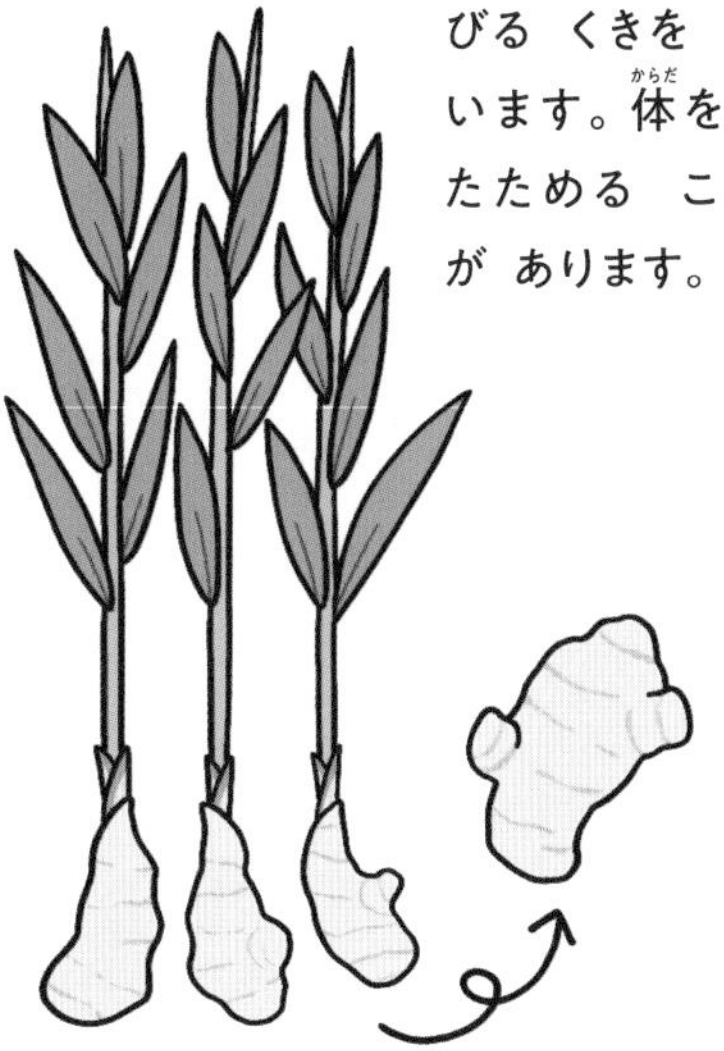

とうがらし

ピーマンと おなじ なかまの しょくぶつです。5センチメートルくらいの ほそながい かたちの みが なります。みが 赤《あか》く じゅくしてから つかいます。

たべもののおはなし

たべものを れいとうすると、くさらなくなるのは どうして？

たべものが くさるのは「びせいぶつ」のせいです。びせいぶつが たべものの えいようを もとに ふえると、たべものが ぶんかいされて くさってしまうのです。

れいとうこの中《なか》は、おんどが マイナス18どほどと とても さむくなっています。さむいと、びせいぶつは うごきが とまり、

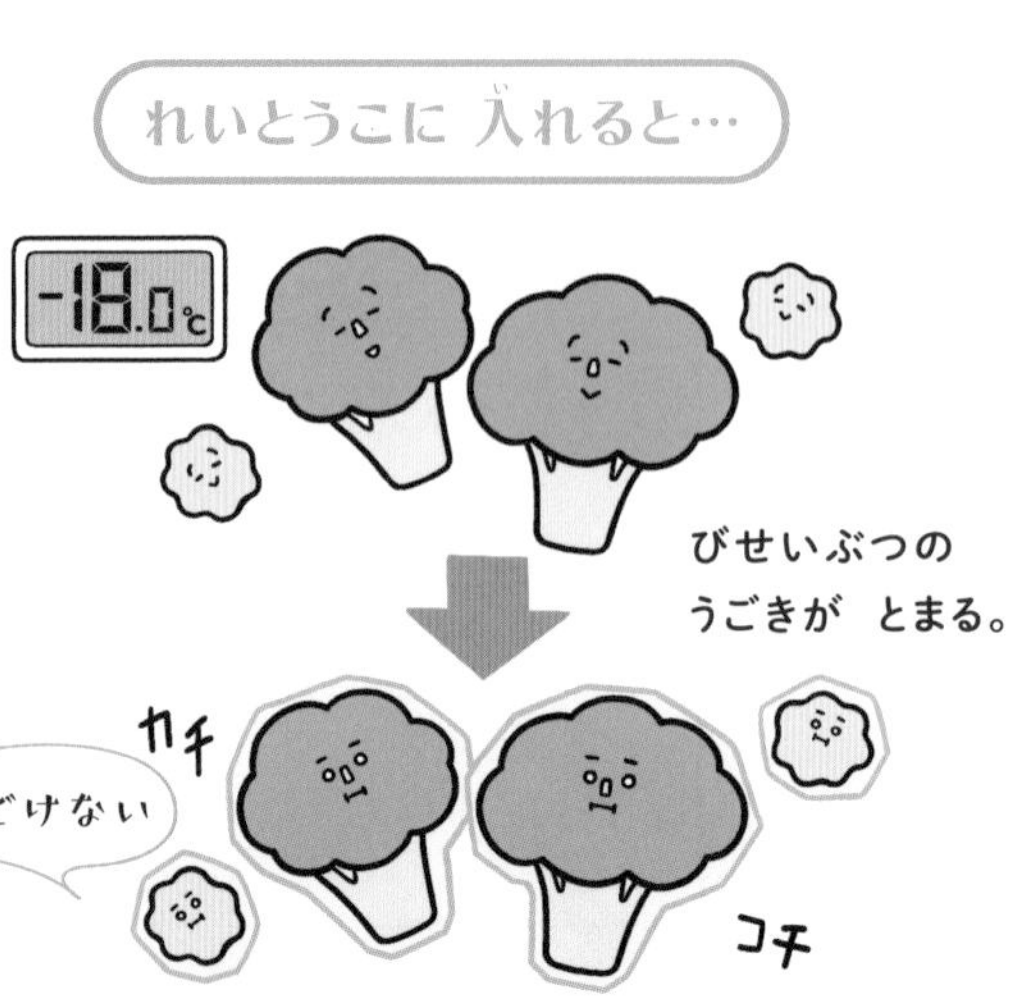
れいとうこに 入《い》れると…
-18.0℃
びせいぶつの
うごきが とまる。
カチ
うごけない
コチ

ねむってしまいます。そのため、たべものが
くさらなくなるのです。
ただし、れいとうこは あけたり しめたり
するときに おんどが へんかしやすいので、
たべものを ずっと おなじ じょうたいには
たもてません。れいとうこに 入《い》れたものは
1か月《げつ》くらいなら、おいしく たべられます。

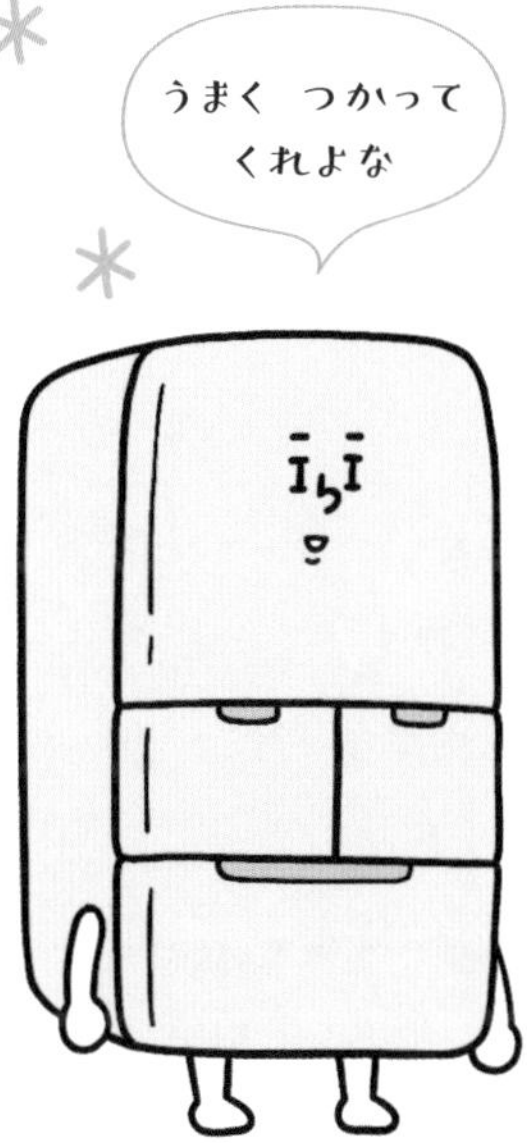

うまく つかって
くれよな

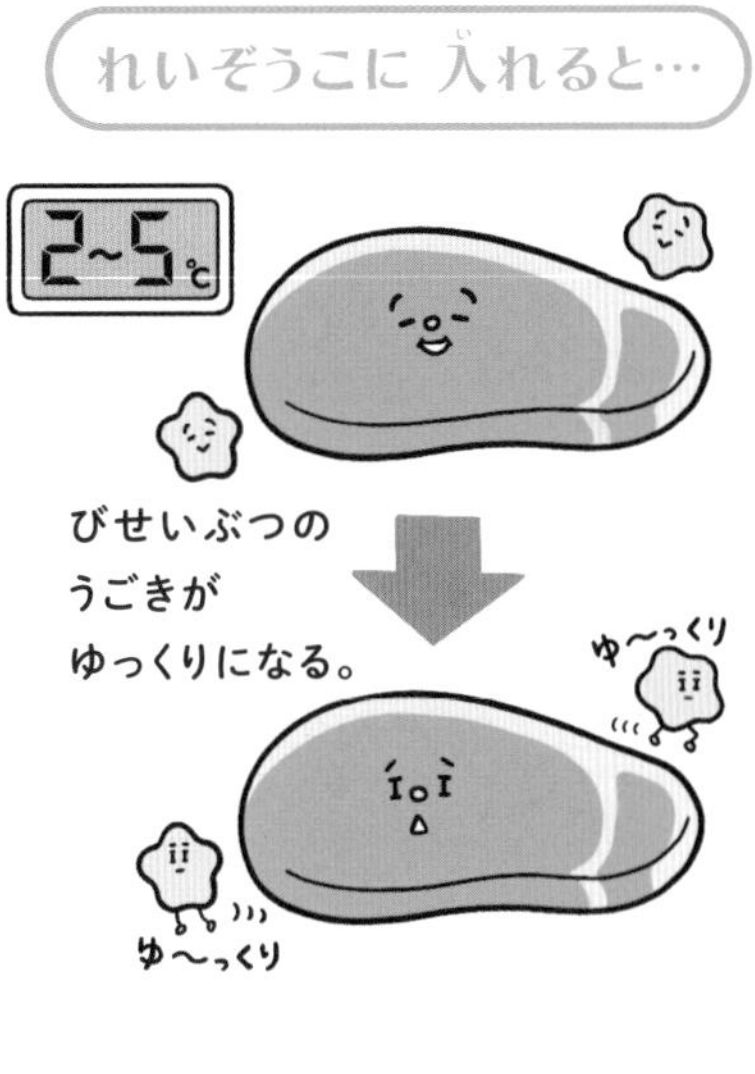

れいぞうこに 入《い》れると…
2~5℃
びせいぶつの
うごきが
ゆっくりになる。
ゆ〜っくり
ゆ〜っくり

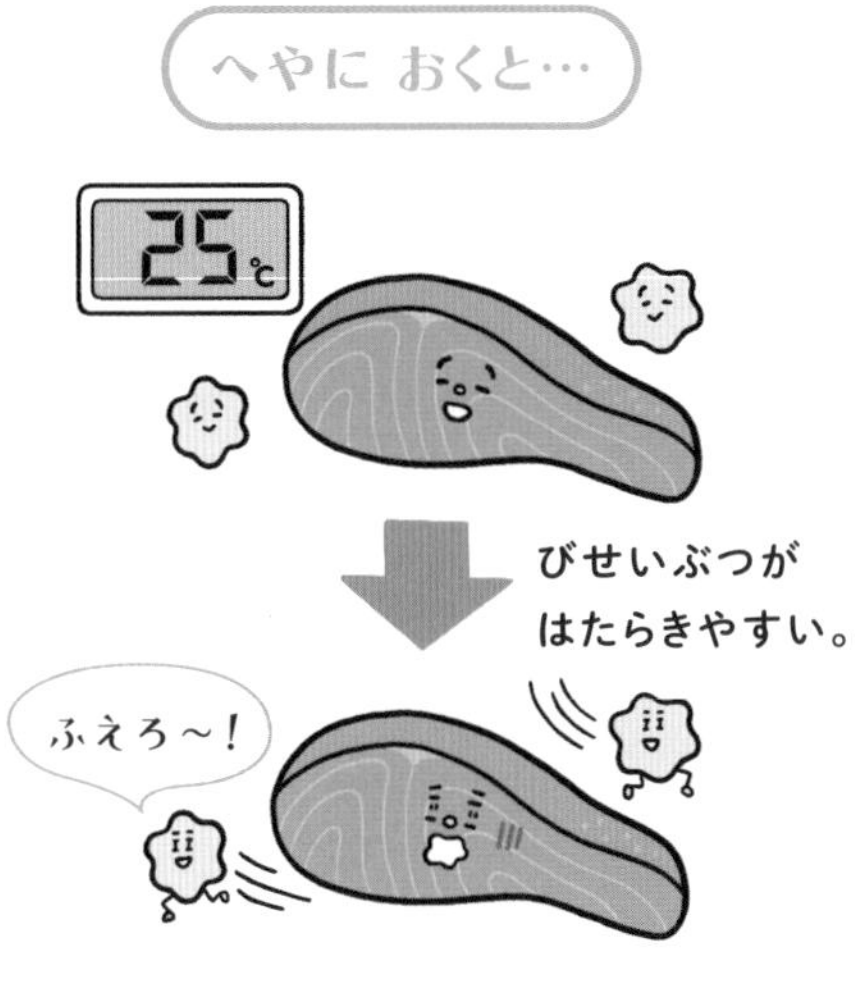

へやに おくと…
25℃
びせいぶつが
はたらきやすい。
ふえろ〜!

いいこと　ばかりじゃ ない!?　たべものの れいとう

たべものを　れいとうすると　ながく　ほぞんできますが、
いろが　かわったり、あじが　おちたりすることも　あります。
れいとうの　とくちょうを　見《み》ていきましょう。

れいとうや　かいとうをすると…

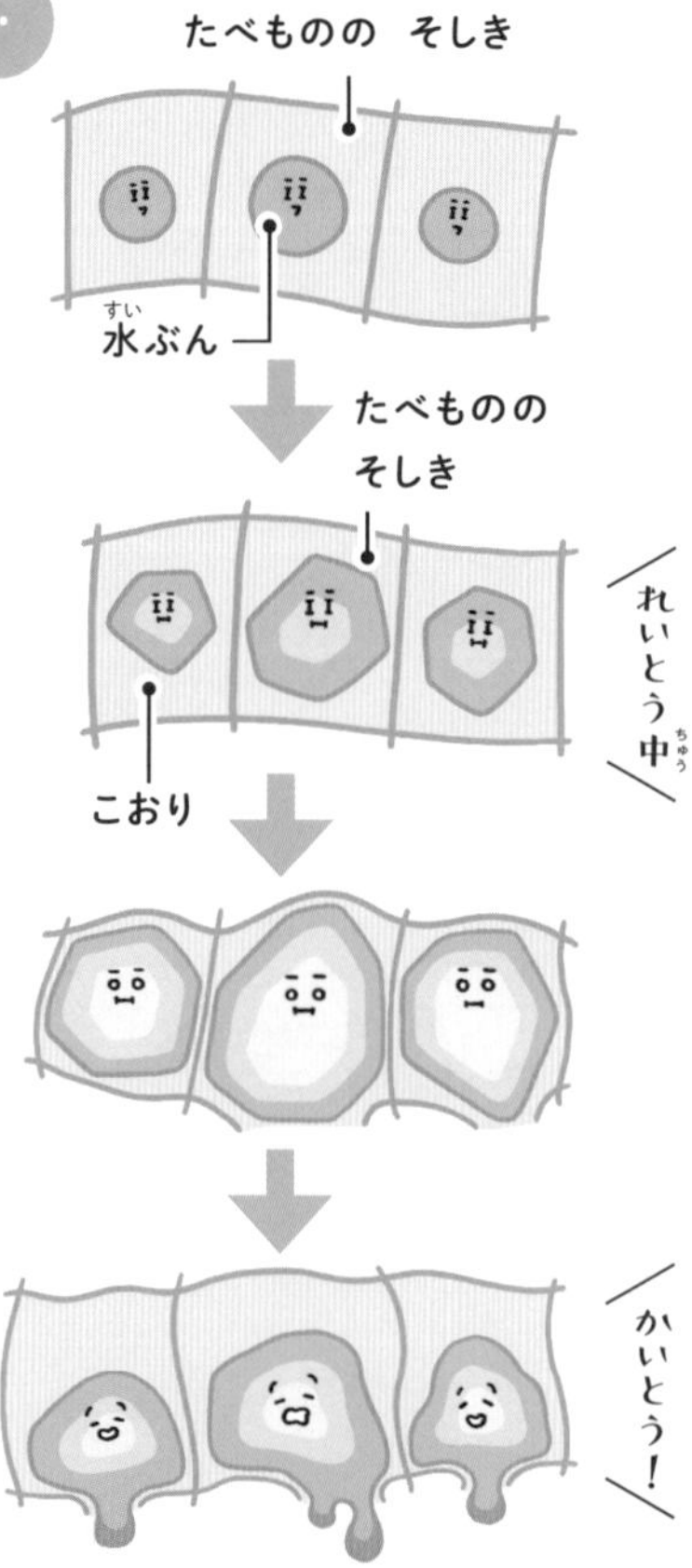

1 たべものには　たくさんの
水《すい》ぶんがある。

2 れいとうすると　水《すい》ぶんが
こおりはじめる。

3 こおりが　大《おお》きくなって
たべものの　そしきを
こわしはじめる。

4 かいとうすると　水《みず》や
えいようぶん、うまみなどの
えきが　出《で》てしまう。

れいとうすると うしなわれるもの

ゆっくり こおると うまみが にげだす

たべものの中《なか》の 水《みず》が ゆっくり こおると、こおりが 大《おお》きくなって たべものの そしきを こわしてしまいます。れいとうしょくひんは、みじかい じかんで こおらせることで こおりを 小《ちい》さくして、そしきが こわれるのを ふせいでいます。

ゆっくり こおると、おいしく なくなるの!?

いろが わるくなり においがする

かんそうした れいとうしつでは、たべものの中《なか》の こおりが 水《すい》じょうきに なって ぬけ出《で》てしまいます。すると 小《ちい》さなあなが あき、空気《くうき》と はんのうして いろが わるくなったり、においがしたりします。

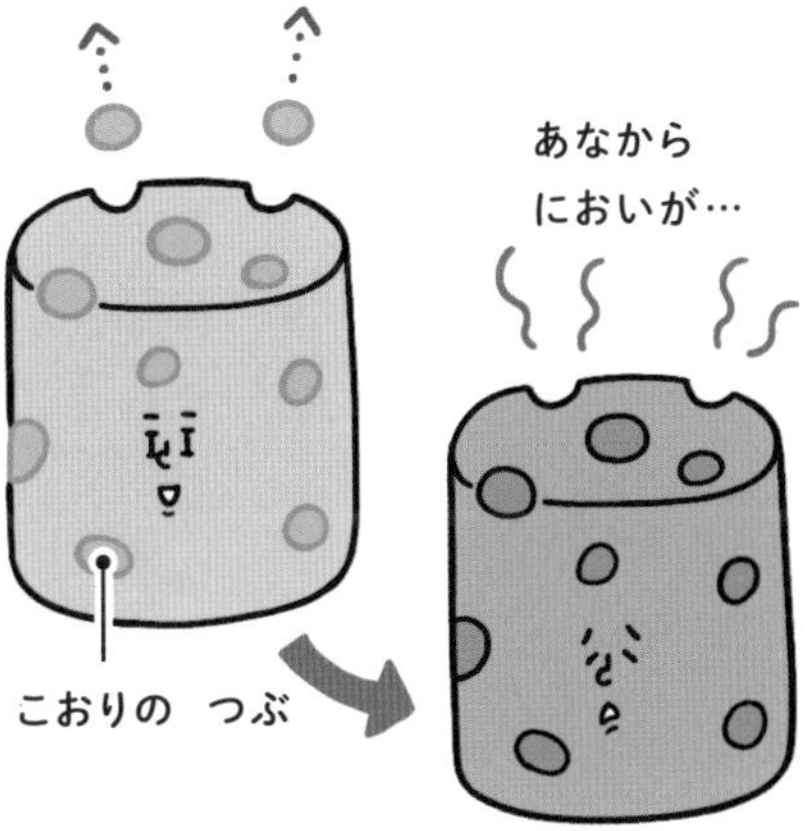
水《すい》じょうきになる
あなから においが…
こおりの つぶ

おいしく たべるには?

れいぞうこの中《なか》の おんどへんかを すくなくすることが たいせつです。あけしめの じかんを みじかくしたり、すきまなく 入《い》れたりして、そとの えいきょうを すくなくしましょう。

すきまなく つめよう!

ゆう・
ゆう
のおはなし

わたしたちが　すんでいる
ちきゅうにも　うちゅうにも
ふしぎは　いっぱい。
空《そら》や　天気《てんき》、月《つき》や　たいよう、
ほしの　ひみつを
しょうかいします。

ちき
うち
きれいな　ちきゅうには
すごい　ひみつが
あったんだ！

うちゅう・ちきゅうのおはなし

どうして 月《つき》が ついてくるの？

よる、月《つき》を 見《み》ながら あるいていると、月《つき》が ついてくるように 見《み》えます。でも 月《つき》は ついてきていません。なぜ ついてくるように 見《み》えるのでしょう。それは、月《つき》が とても とおくに あるからです。

月《つき》は ちきゅうから 38まんキロメートルも はなれています。じぶんが たくさ

ん　あるいても、じぶんと　月《つき》との　きょりは　ほとんど　かわらないので、ついてくるように　見《み》えるのです。

よる、でん車《しゃ》や　バスにのって　月《つき》を　見《み》ると　よくわかります。のりものが　うごくと　ちかくの　たてものや　木《き》は　びゅんびゅんと　とおりすぎます。でも、月《つき》の　見《み》える　ほうがくは　ほとんど　かわりません。じぶんが　うごいても　おなじように　見《み》えるので、ついてきているように　おもってしまうのです。

でん車《しゃ》や　車《くるま》の中《なか》から 見《み》える　けしきの ふしぎ

ふだん　わたしたちは　でん車《しゃ》や　車《くるま》の中《なか》から
どんなふうに　うごくけしきを　見《み》ているでしょうか。
くわしく　見《み》てみましょう。

とおくに　あるものは
わたしたちが　うごいたくらいでは
見《み》える　ほうこうが
かわらないので
うごいて　見《み》えないよ

山《やま》や　月《つき》などの
とおくのものは　ゆっくり　うごいて　見《み》えます。

でん車《しゃ》の中《なか》から　見《み》ると、ちかくの
ものは　はやく　うごいて　見《み》えます。

やってみよう！

うごく けしきの かんさつ

のりものから うごく けしきが、とおくと ちかくで
どうちがうか、かんじてみましょう。

1 でん車《しゃ》に のったら、まどの そとを ながめてみる。

2 さいしょは とおくの 山《やま》や 空《そら》のくも、月《つき》など とおくにある ものに ちゅうもくして 見《み》る。

3 つぎに じぶんの ちかくにある ものに ちゅうもくして 見《み》る。

でん車《しゃ》から ちかいほど
はやく うごいて
見《み》えるから、うごく
はやさで きょりが
どれくらい はなれて
いるか わかるんだ

うちゅう・ちきゅうの おはなし

たいふうは どうして できるの？

たいふうは　みなみの　うみで　しめった
空気《くうき》から　生《う》まれます。
まず、うみが　つよい　日《ひ》ざしによって
あたためられると、うみの　水《みず》は「水《すい》じょ
うき」という　しめった　空気《くうき》に　なります。
つぎに、しめった　空気《くうき》が　空《そら》たかくに
のぼると、水《すい》じょうきが　ひえて　水《みず》の　つ

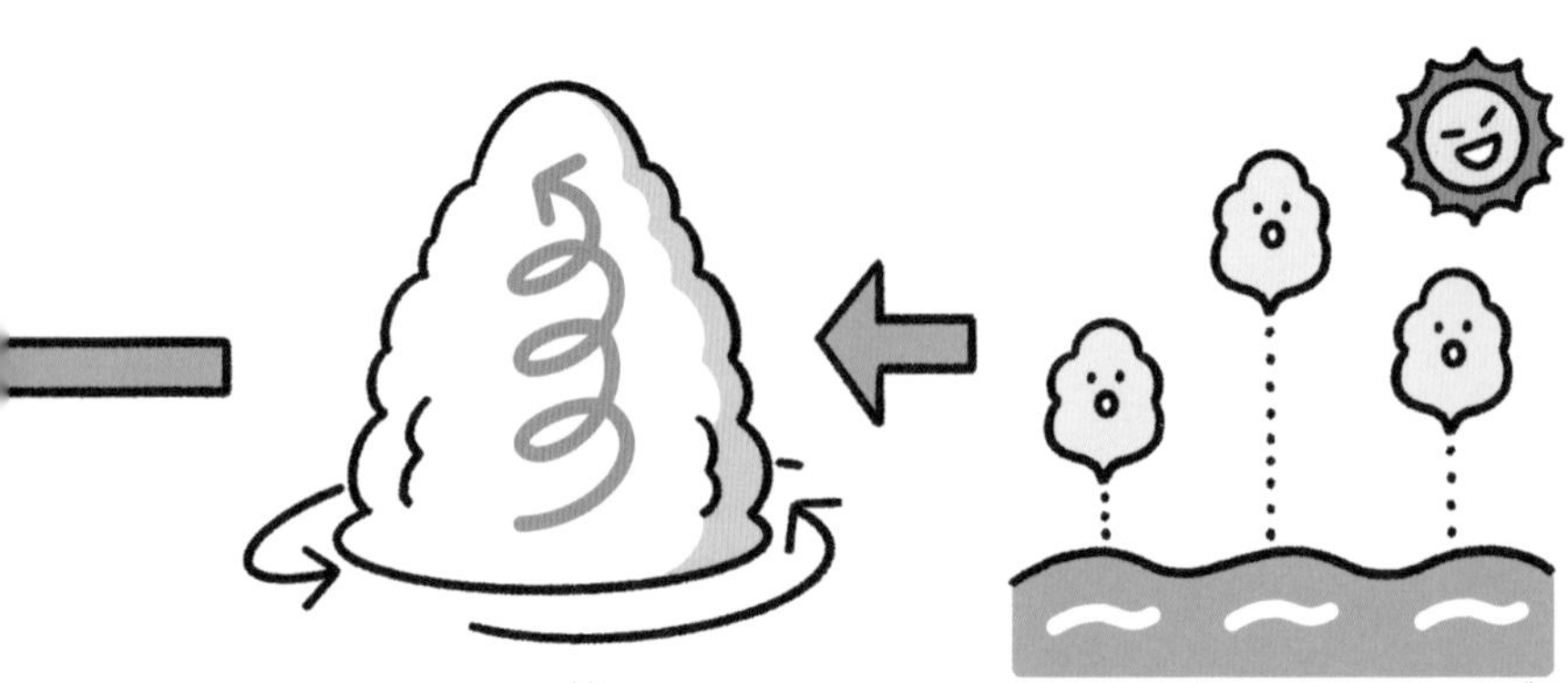

ねったいの　うみで　つよい　日《ひ》ざしを　うけて、しめった　空気《くうき》が　のぼり、くもが　できる。

くもが　あつまり　大《おお》きくなると、うずを　まくようになる。

ぶへと　かわり、くもが　できます。こうして　できた　くもが　あつまると、ちきゅうが　1日《にち》1かい　まわる　えいきょうを　うけて、うずを　まきはじめます。そして、うみからの　しめった　空気《くうき》を　とりこみながら、うずが　どんどん　大《おお》きく　なります。これが　たいふうです。

たいふうの　まん中《なか》には　ぽっかりと　くもが　なく　はれているところが　あります。その　ぶぶんは　「たいふうの　目《め》」と　よばれています。

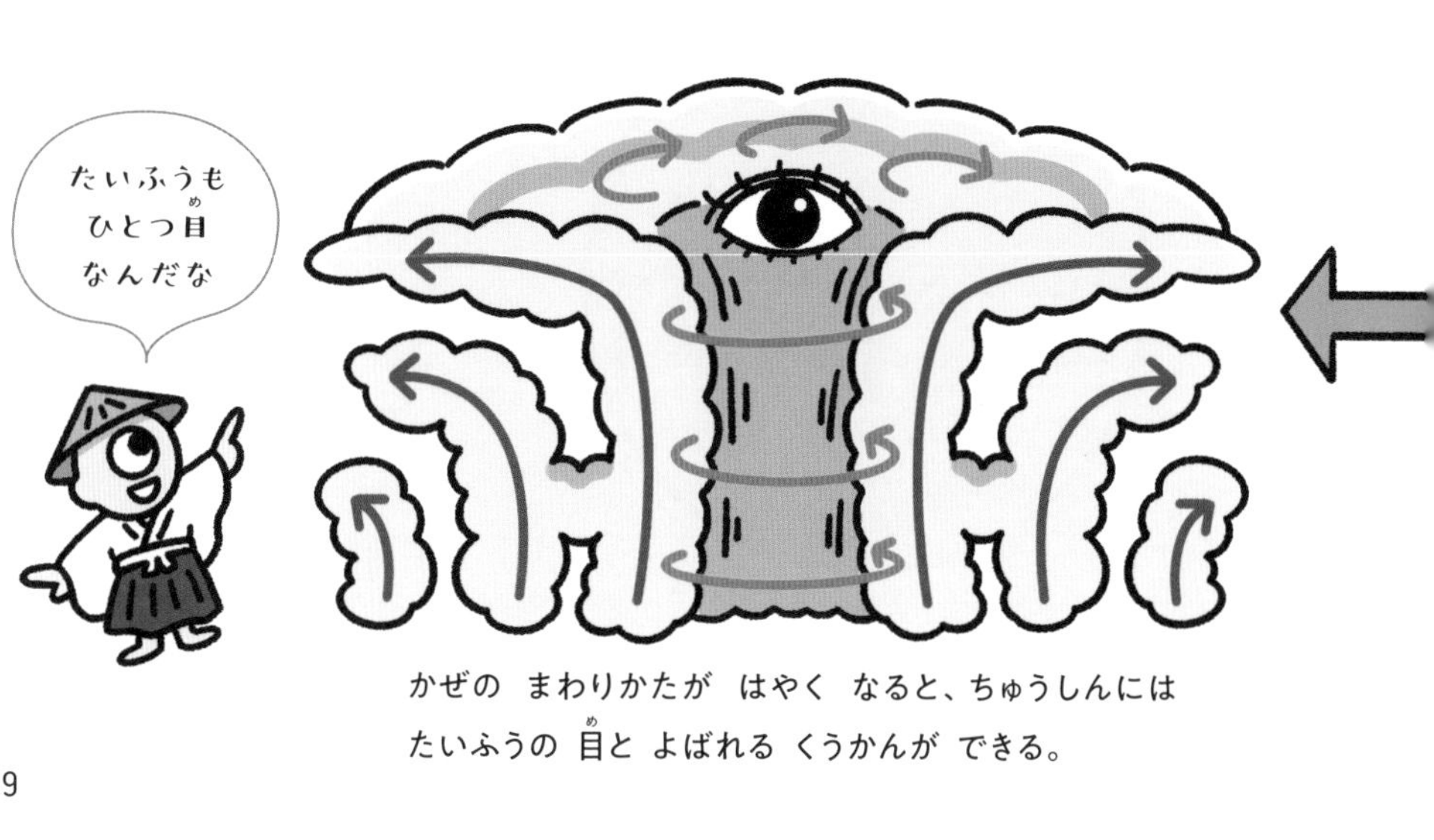
たいふうも
ひとつ目《め》
なんだな

かぜの　まわりかたが　はやく　なると、ちゅうしんには
たいふうの　目《め》と　よばれる　くうかんが　できる。

たいふうの うずまきの ひみつ

たいふうの うずまきは、「コリオリの 力《ちから》」が かんけいしています。くわしく 見《み》てみましょう。

コリオリの 力《ちから》って？

ちきゅうの きたはんきゅうでは しんこう ほうこうの 右《みぎ》むきに、みなみはんきゅう では しんこう ほうこうの 左《ひだり》むきに「コリオリの 力《ちから》」が はたらきます。

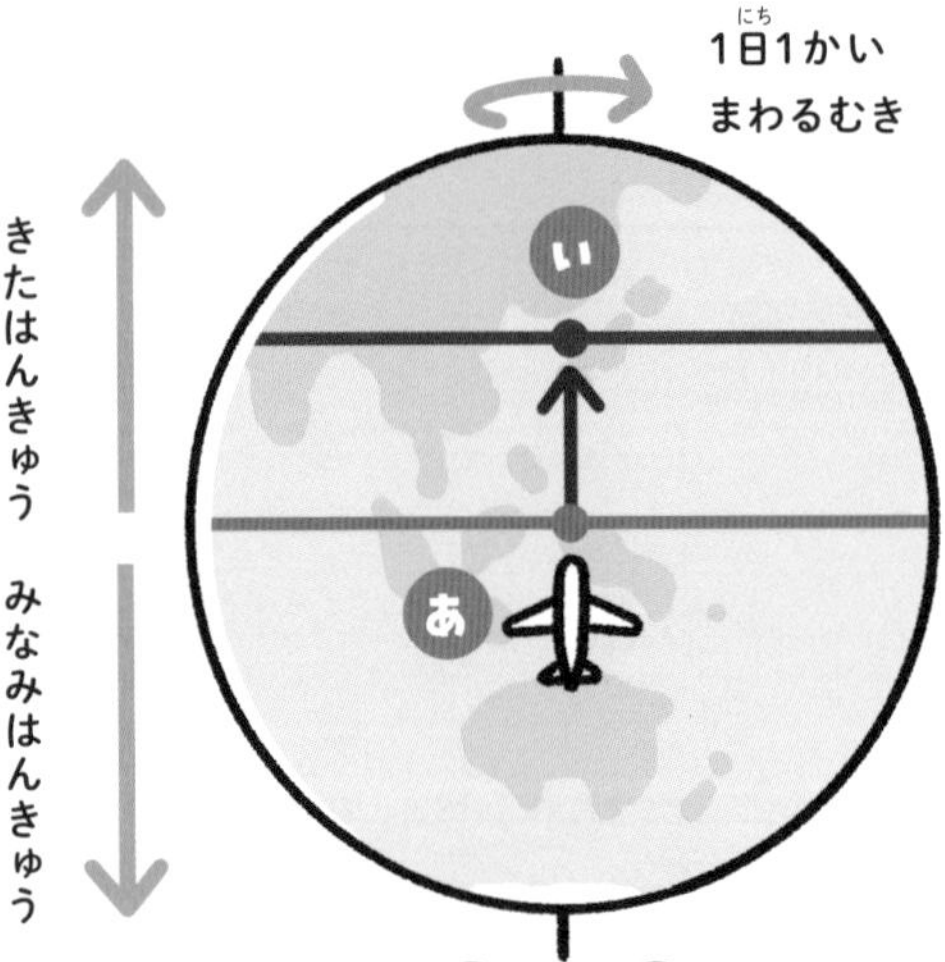

たとえば あから いに むかって ひこうきで すすもうとする。

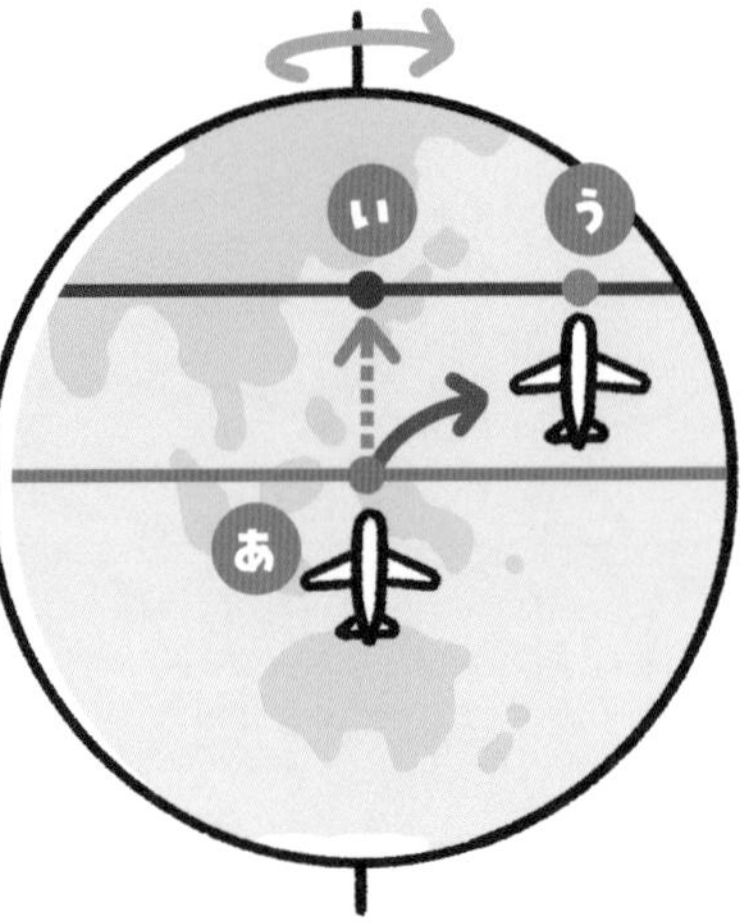

しかし、ちきゅうは まわっているので いに むかっても うに ついて しまう。

コリオリの 力《ちから》で たいふうの うずまきの ほうこうが きまる！

たいふうでは、かぜが そとから ちゅうしんに むかって ふこうとします。しかし かぜも コリオリの 力《ちから》を うけて ほうこうが まがってしまいます。すると かぜは ちゅうしんの まわりを ぐるぐる まわり、たいふうの うずが できるのです。

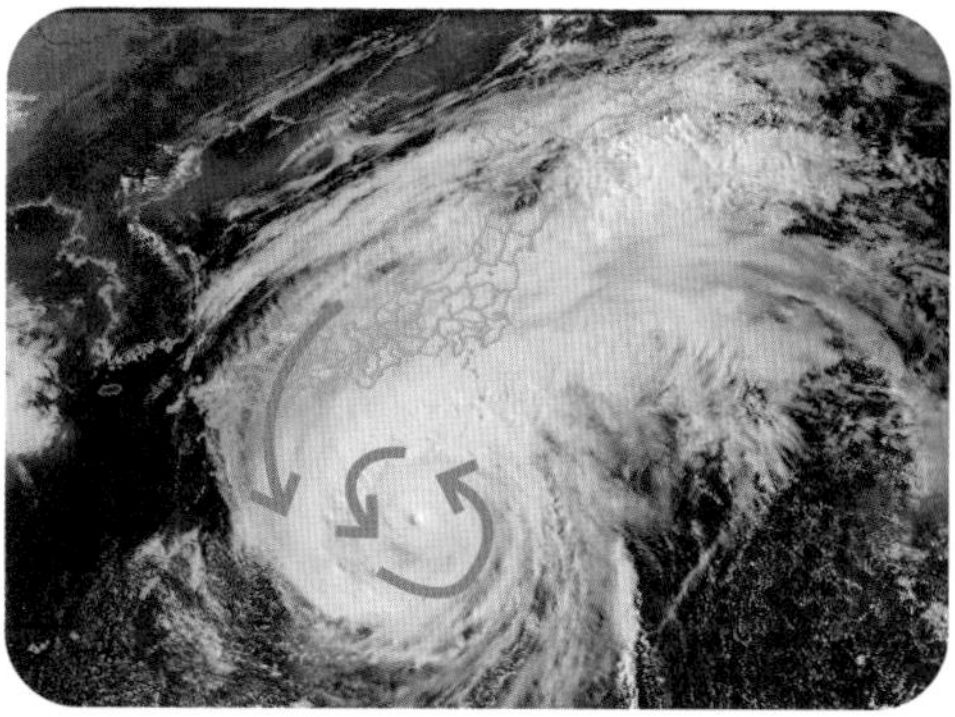

きたはんきゅうでは
うずは 左《ひだり》まわり

みなみはんきゅうでは
うずは 右《みぎ》まわり

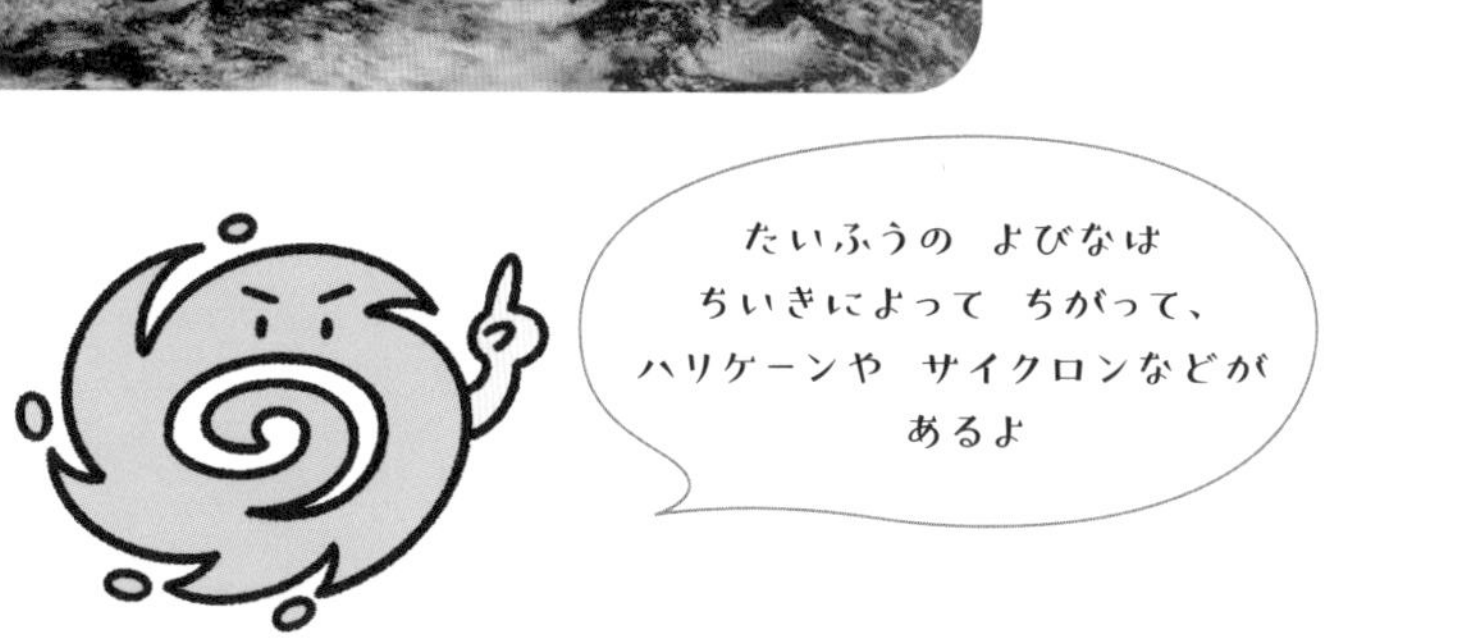
たいふうの よびなは
ちいきによって ちがって、
ハリケーンや サイクロンなどが
あるよ

うちゅう・ちきゅうのおはなし

山《やま》の上《うえ》って どうして すずしいの？

山《やま》のぼりを すると、 たかくなるに つれて どんどん すずしく かんじます。これは 空気《くうき》の おもさの せいです。ちきゅう上《じょう》に あるものは すべて 空《くう》気《き》の おもさが かかっていて、「きあつ」と よびます。ひくいところよりも たかいところの ほうが、 きあつは 小《ちい》さ

あついのは たいようが じめんを あたためる からでも あるよ！

ふもと

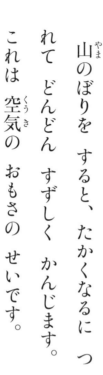

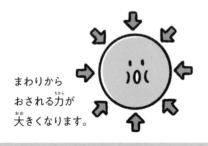

上《うえ》に のっている 空気《くうき》の りょうが おおいので、 きあつが 大《おお》きくなります。

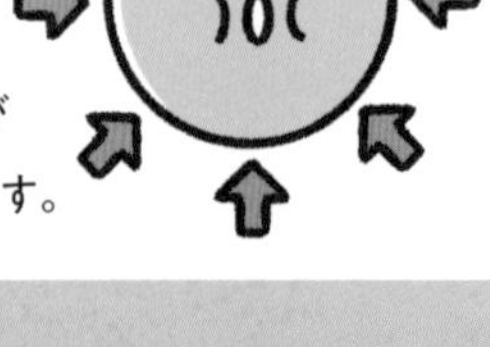

まわりから おされる力《ちから》が 大《おお》きくなります。

くなります。これは　たかい　ばしょほど　その上《うえ》にある　空気《くうき》の　そうが　すくなくなるからです。

　きあつが　小《ちい》さくなるほど　空気《くうき》は　ふくらんで、おんどが　下《さ》がる　せいしつが　あります。そのため、きあつの　小《ちい》さい　山《やま》の上《うえ》は　すずしくなるのです。

　たかさが　１００メートル　上《あ》がるごとに、きおんは　0.6ど　下《さ》がります。たとえば　富士山《ふじさん》の　たかさは　３７７６メートルなので、ふもとで　30どでも　山《やま》の上《うえ》では　７どくらいと　さむいのです。

きあつが　小《ちい》さいと、まわりから　おされる力《ちから》が　よわく、空気《くうき》が　ふくらみます。
すると、ふくらむのに　エネルギーを　つかうので、おんどが　下《さ》がります。
上《うえ》にのっている　空気《くうき》の　りょうが　すくないので、きあつが　小《ちい》さく　なります。
山《やま》の上《うえ》

山《やま》の上《うえ》と ふもとで ちがうこと

山《やま》の上《うえ》は ふもとより さむいだけではなく、ほかにも いろいろと ちがうことが あります。山《やま》の上《うえ》に のぼったときに おきることを 見《み》てみましょう。

山《やま》の上《うえ》に ポテトチップスを もっていくと？

ポテトチップスを 山《やま》の上《うえ》に もっていくと ふくろが ぱんぱんに ふくらみます。ふくろの中《なか》の 空気《くうき》の りょうは ふもとと 山《やま》の上《うえ》でも おなじですが、きあつが 小《ちい》さい 山《やま》の上《うえ》では ふくろの そとから おす力《ちから》が 小《ちい》さくなるので、ふくらむのです。

ポテト
きあつが 大《おお》きいと、 そとからの 力《ちから》が 大《おお》きい。
ふくろが ふくらむ！
ポテト
きあつが 小《ちい》さいと、 そとからの 力《ちから》が 小《ちい》さい。

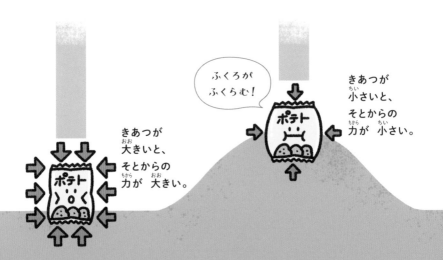

山《やま》の上《うえ》は 空気《くうき》が うすい

山《やま》の上《うえ》は 空気《くうき》の りょうが すくないので、いきを すっても からだに 入《はい》る さんその りょうが へってしまいます。それによって ずつうや はきけ、めまいなどを おこす こうざんびょうに なることが あります。

山《やま》の上《うえ》は、
からだに 入《はい》る
さんそが すくない。
たかくなるほど
さんそが
うすくなる!
ふもとは、からだに 入《はい》る さんそが おおい。

山《やま》の上《うえ》は ごはんが うまくたけない!?

山《やま》の上《うえ》では 水《みず》が ふっとうする おんどが ひくくなります。空気《くうき》の おす 力《ちから》が 小《ちい》さいと 水《みず》が 水《すい》じょうきになって とびだしやすくなるからです。ふっとうする おんどが ひくいので、ごはんが うまく たけません。

水《すい》じょうきになって
とびだしにくい。
空気《くうき》
ぎゅうぎゅう
水《すい》じょうき
ふもとは、100どで ふっとうする。

スカスカ
富士山《ふじさん》のさんちょうは、
3776メートル
87どで ふっとうする。
水《すい》じょうきに
なって
とびだしやすい。

うちゅう・ちきゅうのおはなし

にじは どうして できるの？

にじは、雨《あめ》上《あ》がりの 水《みず》の つぶが 空《くう》気《き》中《ちゅう》に たくさん うかんでいるときに、見《み》られます。たいようの ひかりが 水《みず》の つぶの中《なか》を とおることで、にじが あらわれるのです。

ひかりは、水《みず》に あたったとき、まがります。たいようの ひかりも 空《くう》気《き》中《ちゅう》

白《しろ》い ひかりの中《なか》に
ある いろいろな ひかりが
水《みず》の つぶに あたって
はねかえるよ
たいようの
ひかり
これが
にじ！
空《くう》気《き》中《ちゅう》の
水《みず》の つぶ

に うかぶ 水《みず》の つぶを とおるときに、まがるのです。

そして、ひかりには なみのような せいしつが あります。たいようの ひかりは 白《しろ》っぽく 見《み》えますが、じつは なみの ながさが ちがう いろいろな いろの ひかりが まじって います。

なみの ながさが ちがう ひかりは まがりかたが ちがうので、すこしずつ ずれて、にじが できて いるのです。

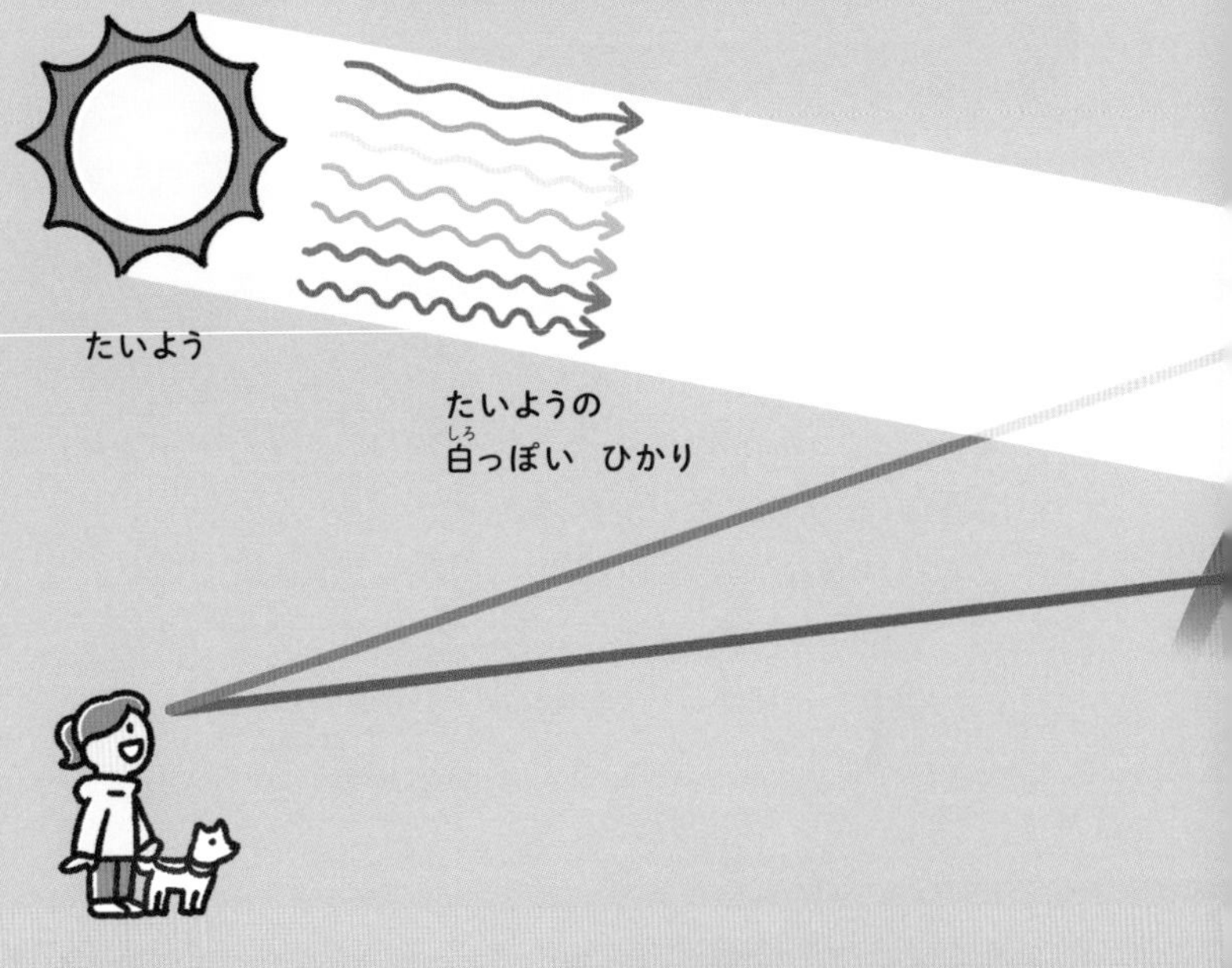

めずらしい にじのずかん

にじの 見《み》えかたは ひとつでは ありません。
めずらしい にじを レアど べつに しょうかいします。

レアど ★☆☆

にじゅうの にじ

いろが はっきり 見《み》えるほうは 「しゅこう」、そとがわのにじは 「ふくこう」と いいます。ふくこうは いろの じゅんばんが ふつうの にじと ぎゃくに なっています。

レアど ★★☆

さかさにじ

くもの こおりの つぶで たいようの ひかりが まがって 見《み》える げんしょうの にじです。

レアど
★★★

かじょうにじ

にじの　すぐ　うちがわに、くりかえすように　にじが　見《み》えるものを「かじょうにじ」とよびます。

やってみよう！

にじを　つくろう！

にじを　そとの　水《すい》どうで　つくってみましょう。

ようするもの　ホース、水《みず》

1　よく　はれた日《ひ》の　あさか　夕《ゆう》がた、たいように　せなかを　むける。

2　まえに　むかって　ホースなどで　水《みず》を　まく。

3　見《み》えにくいときは　ホースの　さきを　つぶして　水《みず》の　つぶを　こまかくしたり、たかさを　かえたりしてみよう。

うちゅう・ちきゅう の おはなし

夕《ゆう》やけは どうして 赤《あか》いの？

たいようの ひかりは、 さまざまな いろが あわさって できています。 空気《くうき》は 小《ちい》さな つぶの あつまりです。 たいようの ひかりのうち、 青《あお》や むらさきの ひかりは、 つぶに ぶつかって ちらばりやすい せいしつを もっています。

空《そら》が 青《あお》く 見《み》えるのは、 ちらばった 青《あお》

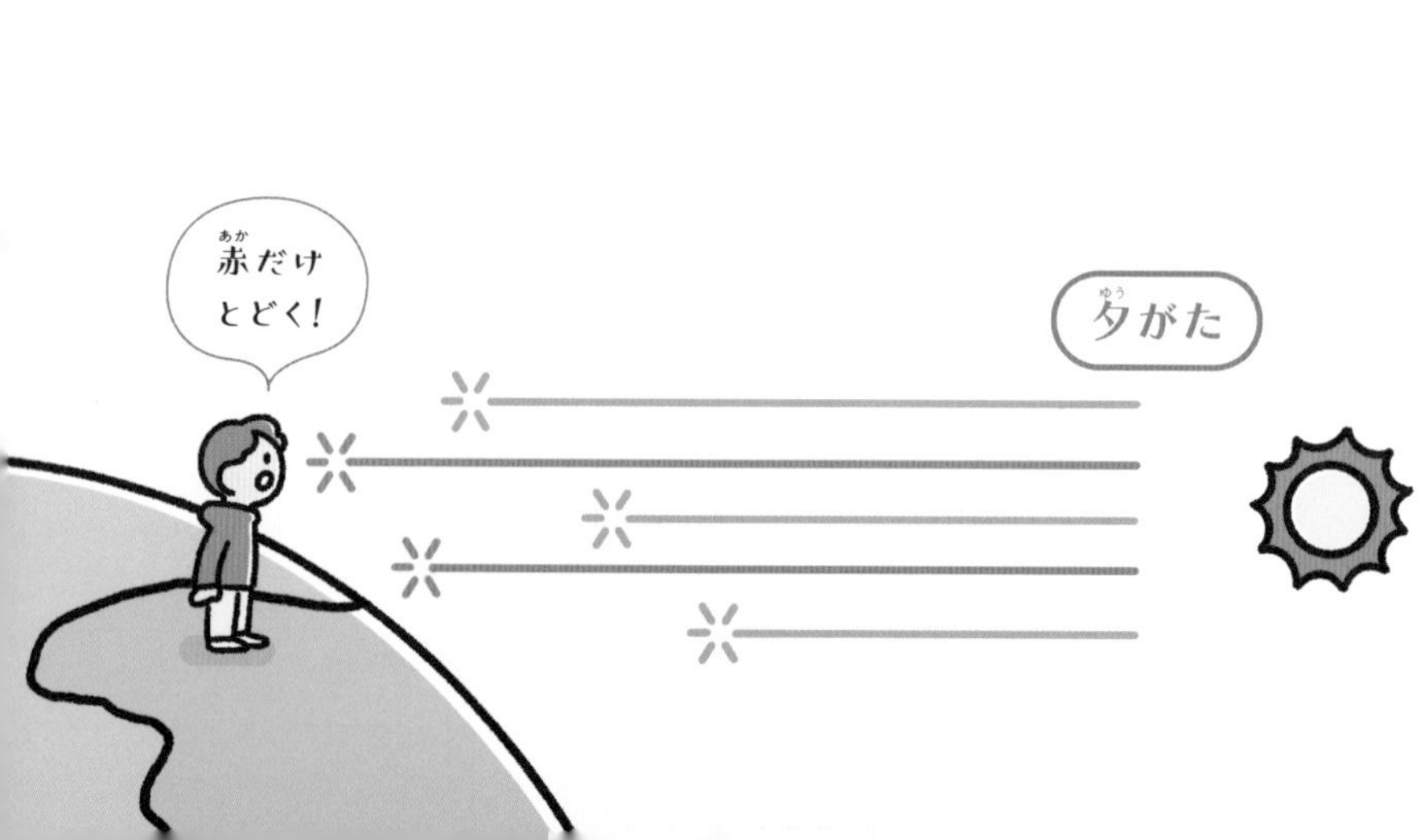

い　ひかりが　目《め》に　入《はい》るからです。もし空気《くうき》が　なかったら、ひるでも　空《そら》は　まっくろに　見《み》えるでしょう。

たいようが　しずむとき、ひかりは　ひるまよりも　ながいきょりの　空気《くうき》の　そうをとおって　わたしたちの　もとに　とどきます。とちゅう、青《あお》や　むらさきなどの　ひかりは　ほとんど　ちらばってしまい、赤《あか》い　ひかり　ばかりが　とどくようになります。そうすると　たいようも　そのちかくの　空《そら》も　赤《あか》く　見《み》えるのです。

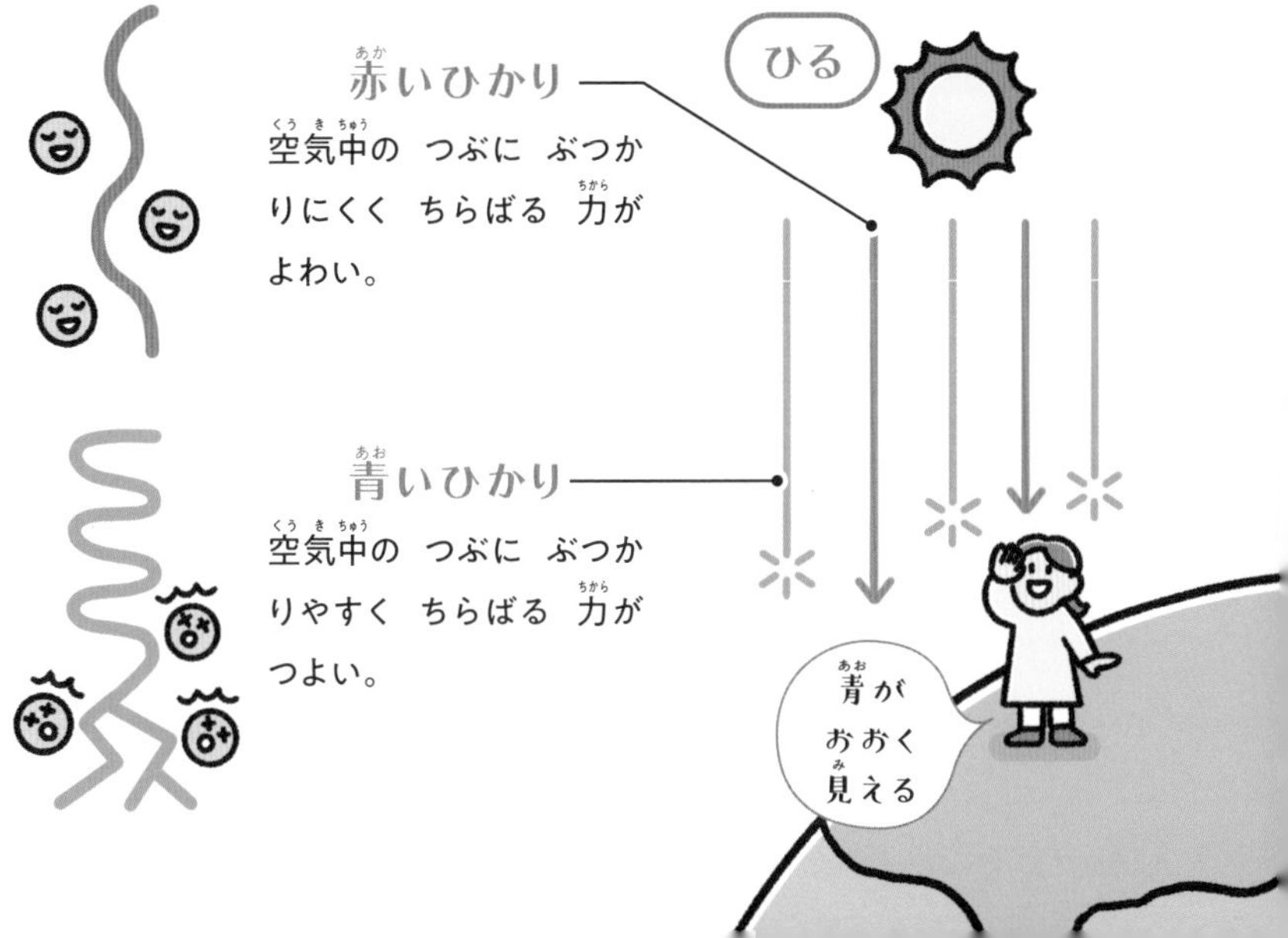

ひる
赤《あか》いひかり
空気中《くうきちゅう》の　つぶに　ぶつかりにくく　ちらばる　力《ちから》が　よわい。
青《あお》いひかり
空気中《くうきちゅう》の　つぶに　ぶつかりやすく　ちらばる　力《ちから》が　つよい。
青《あお》が　おおく　見《み》える

マジックアワーの ふしぎな 空《そら》

日《ひ》の出《で》まえや　日《ひ》の入《い》りごの　空《そら》が　まだ
うすあかるい　じかんに、きれいないろの　ふしぎな　空《そら》を
見《み》ることが　できます。

はれた日《ひ》なら　日《ひ》の出《で》まえと　日《ひ》の入《い》りごの　10ぷんかんほどの　あいだで　見《み》られます。

まほうを　かけた　みたいな空《そら》だね
まほうでも　出《だ》せないほど　きれいな　空《そら》だよ

やってみよう！

夕《ゆう》やけと 青《あお》空《ぞら》を つくろう

ペットボトルを つかって 空《そら》を さいげんしましょう。

ようするもの　2リットルのペットボトル、水《みず》、かいちゅうでんとう、ぎゅうにゅう

1 ペットボトルの中《なか》に水《みず》を 入《い》れ、小《こ》さじ はんぶんの ぎゅうにゅうを 入《い》れてまぜる。

2 ペットボトルを よこにして へやを くらくする。

3 かいちゅうでんとうで上《うえ》からと よこから ひかりを あてる。
うまく いかなかったらぎゅうにゅうの こさをかえたり、あてかたをかえてみよう。

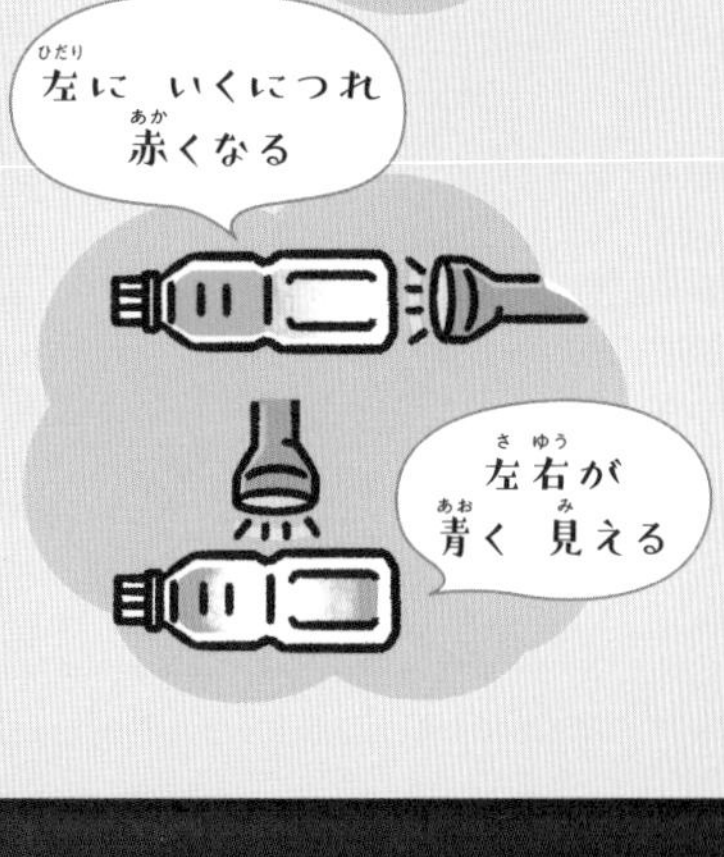

うちゅう・ちきゅうのおはなし

空《くう》気《き》が　なくなったら　どうなるの？

空《くう》気《き》は　ちきゅうにとって　おふとんのようなものです。空《くう》気《き》が　あれば、あたたかい　たいようから　くる　ねつを　空《くう》気《き》のそうに　ためて　にがしません。

ちきゅうの　きおんが　15どくらいに　たもたれて、わたしたちが　ここちよくすごせるのは、空《くう》気《き》が　あるからです。

空《くう》気《き》の　ある　ちきゅう

たいようの　ねつが
空《くう》気《き》の　そうに
はねかえされて　とどまる。

もし 空気《くうき》が なかったら、ちきゅうのきおんは マイナス19どくらいに なってしまうでしょう。とてもさむいですね。

それだけではありません。空気《くうき》は かべとなって、うちゅうから やってくる「しがいせん」から、生《い》きものを まもってくれています。

もちろん 人《ひと》も 生《い》きものも みんな 空気《くうき》の中《なか》にある さんそを すって 生《い》きています。ですから、空気《くうき》が なかったら そもそも わたしたち 生《い》きものは 生《い》きていけないのです。

空気《くうき》の ない ちきゅう

空気《くうき》の そうが ないので、
たいようの ねつが
とどまらない。

ほかの　ほしの　大気《たいき》を　見《み》てみよう！

ちきゅうに　とどまっている　空気《くうき》の　そうを　大気《たいき》と　いいます。
ちきゅうや　ほかの　ほしの　大気《たいき》は　どうなっているでしょう。

ちきゅうがた　わくせい

まん中《なか》が　金《きん》ぞくで　できていて、かたい　じめんが　あります。大気《たいき》が　あるものと　ないものが　あります。

きんせい
ぼくたちの
大気《たいき》は　ほとんどが
にさんかたんそで
できているんだ
大気《たいき》に　さんそが
あるのは
ぼくだけ　なんだよ
わたしたちは
小《ちい》さいから　大気《たいき》を
ひきつけて　おくことが
できないの
かせい
月《つき》
すいせい
金《きん》ぞく
大気《たいき》
ちきゅう

もくせいがた　わくせい

まん中《なか》が　がんせきで　できていて、そのまわりは　ガスや　えきたいで　おおわれています。おくまで　いかないとかたい　じめんらしきものがないのが　とくちょうです。

もくせい
がんせき
大気《たいき》

どせい
大気《たいき》
ぼくたちの　大気《たいき》は
すいそと　ヘリウムで
できているよ。
ガスわくせいって
よばれるんだ～

ばんがいへん
うちゅうステーション

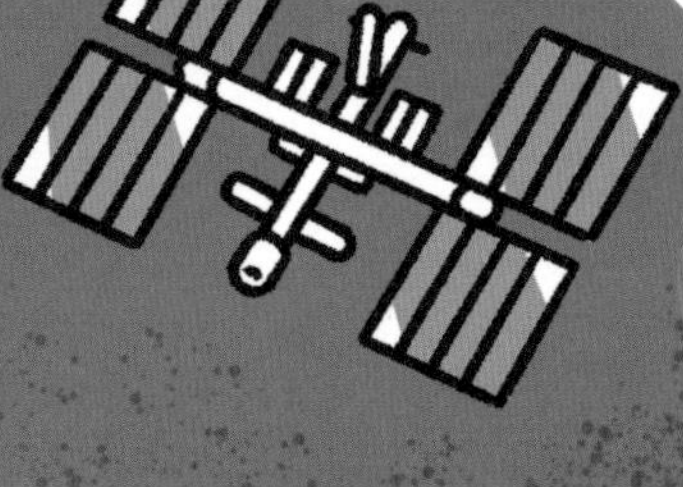
水《みず》を　つかって
さんそを　つくったり、
ロケットで　ちきゅうから
空気《くうき》を　とどけて
もらったりしているんだ！

うちゅう・ちきゅうのおはなし

ロケットは どうして うちゅうに いけるの？

空《そら》に むかって ボールを なげると、じめんに むかって おちてきます。これは ボールが 「いんりょく」という 力《ちから》で ちきゅうに ひっぱられて いるからです。ロケットが うちゅうに いくには ちきゅうの いんりょくを ふりきって とびだす ひつようが あります。そのために ロケットは たくさんの ガスを ふきだして そのいきおいで スピードを あげます。じそく2まん8400キロメートル、1びょうかんに 8キロメートルも すすむような ス

ピードを　出《だ》さなければいけません。ロケットは　はやく　とぶことで　うちゅうに　いけるのです。

それに　うちゅうには　空気《くうき》が　ありません。ねんりょうを　もやすには　空気中《くうきちゅう》の　さんそが　ひつようなので、ひこうきは　空気《くうき》がないところでは　とべません。ロケットは　ねんりょうと　いっしょに、さんその　かわりになる「さんかざい」も　つんでいます。ロケットは　もっていった　さんそを　つかうことで、空気《くうき》が　ない　ところでも　ねんりょうを　もやし　とぶことができるのです。

ロケットが　ガスを　ふきだす　ほうこうと　はんたいの　むきに　すすむのは、ふうせんを　はなすと　とぶのと　おなじしくみです。

空《そら》と うちゅうの さかいめ

ロケットは ちきゅうから うちゅうへ とびだしますが、
空《そら》と うちゅうの さかいめは どこに あるのでしょう。

大気《たいき》が なくなるのは どこ？

大気《たいき》が ほとんど なくなる 100 キロメートルから さきを うちゅうと いいます。じんこうえいせいが とべる いちばんひくい たかさが 167 キロメートルと いわれて います。
東京《とうきょう》から 100 キロメートル はなれた ところは 静岡県《しずおかけん》の 沼津《ぬまづ》くらいです。しんかんせんで 1じかん くらいです。うちゅうって いがいと ちかいのかもしれません。

1じかんで
うちゅうに
いけちゃう!?

空《そら》の いろが かわるのは どこ？

20 キロメートル くらいから 空《そら》が くろく 見《み》えはじめます。
たいようの ひかりを はねかえす 空気《くうき》が すくなくなるためです。

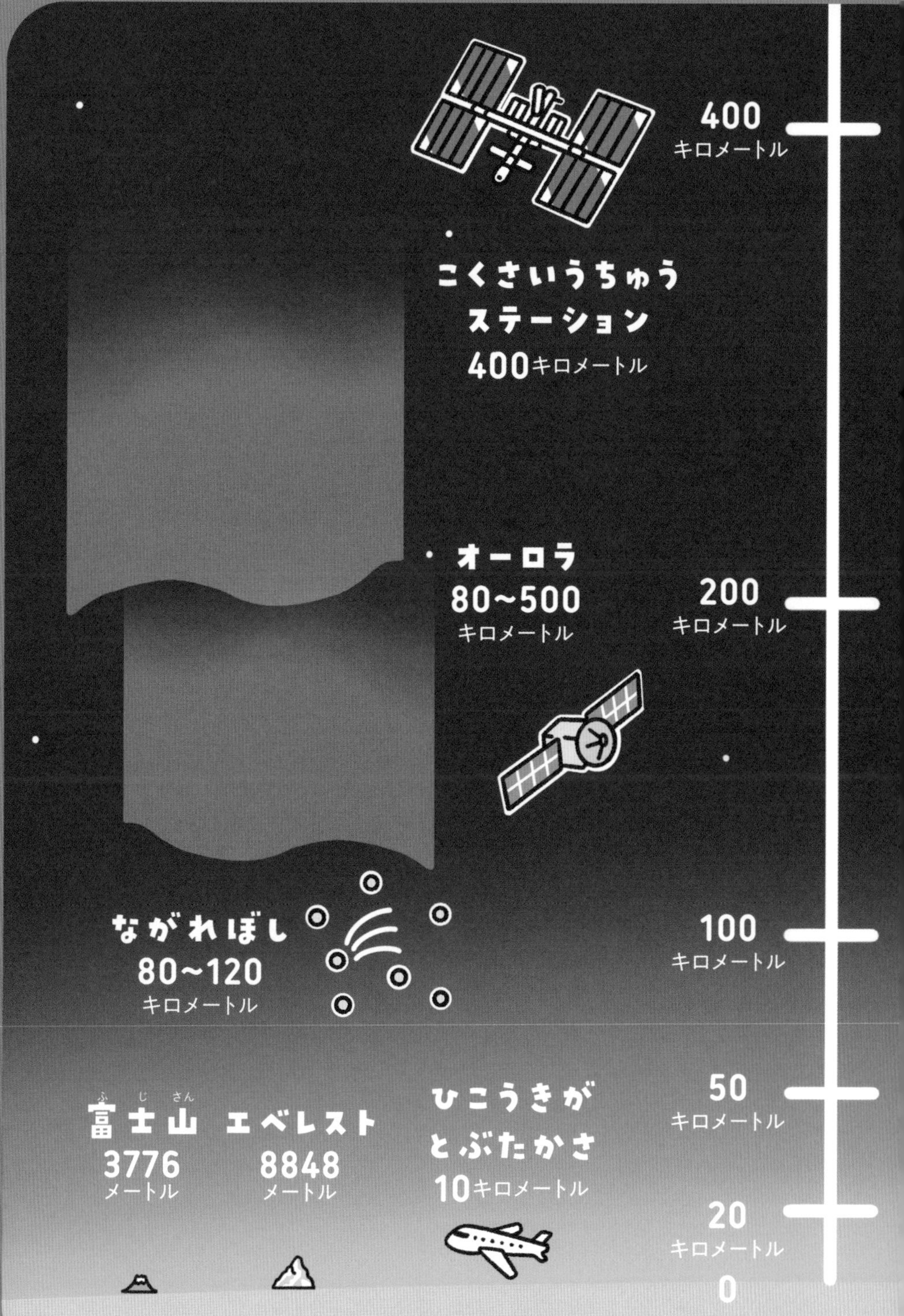
400
キロメートル
こくさいうちゅう
ステーション
400キロメートル
オーロラ
80~500
キロメートル
200
キロメートル
ながれぼし
80~120
キロメートル
100
キロメートル
50
キロメートル
富《ふ》士《じ》山《さん》
3776
メートル
エベレスト
8848
メートル
ひこうきが
とぶたかさ
10キロメートル
20
キロメートル
0

うちゅう・ちきゅうのおはなし

「うちゅうしょく」って どんなもの？

「うちゅうしょく」は うちゅうに もっていける たべものです。シャトルや こくさいうちゅうステーションの中《なか》では、ちきゅうにひきよせられる力《ちから》「じゅう力《りょく》」が ないので、水《すい》てきも こなも くうかんに ただよってしまいます。ただようと、まわりにある きかいに 入《はい》って きけんです。そのため、しるが とびちるようなものは とろみを つけたり、かためたり しています。

また、うちゅうでは すぐに びょういんへ いけません。そのため、

もっていく たべものは ばいきんが 入《はい》らないように よく あたためたり、ほうしゃせんを あてて ばいきんを やっつけたりしています。ほかにも「れいぞうこが なくても 1年《ねん》は ほぞんできる」「もえても あんぜん」といった じょうけんが あり、さまざまな くふうが なされています。

ふつうの　ごはんだと

とびちって あぶない
きかいに ぶつかる
ながい きかん ほぞんできない

うちゅうしょくだと…

スープは とろみが あって とびちらない
もえにくい いれもの

くふうが いっぱい! おいしい! うちゅうしょく

うちゅうで おいしく あんぜんに しょくじが できるように、
さまざまな うちゅうしょくが つくられています。
うちゅうに いかない人《ひと》でも かえるものも あります。

☆ 水《みず》や おゆを くわえて たべる ☆

サケおにぎり

めんが ひとくち サイズの かたまり
ラーメン

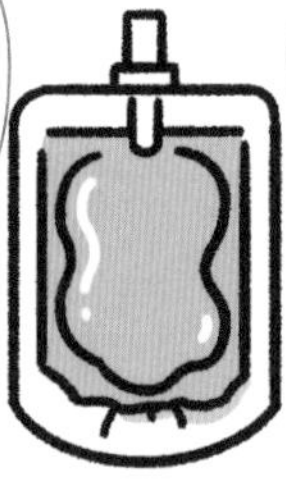
おちゃがらが でない
ウーロンちゃ

ほかにも
とろろ、グラタン、
オムレツなど

☆ レトルトや かんづめ ☆

しるに とろみを つけているよ!
サバの みそに

やきとり
やきとり

CURRY
あたためて たべるよ!
カレー

ほかにも
うなぎの かばやき、
きんぴらごぼう、
ハンバーグなど

☆そのまま たべられる☆

ようかん

あめ

からあげ

うちゅうでも
サクサク

ほかにも
ビスケット、ゼリー、
ドライフルーツ
など

☆ちょうみりょう☆

マヨネーズ

しょうゆ

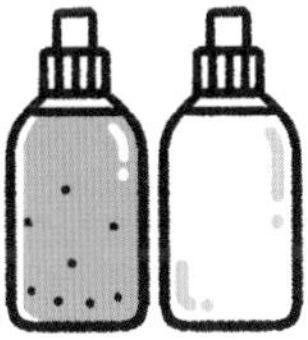

しお・こしょう

こなが
とびちらないように
えきたいに なって
いるよ!

☆しんせんなやさい・くだもの

みずみずしい たべものは うちゅうでは とても きちょう! おいしく、けんこうにも いいので うちゅうひこうしに よろこばれます。いたまないうちに たべきります。

生《なま》の くだものは
あまり たべられないんだ

うちゅう・ちきゅうのおはなし

どうして ほしは よるだけ 見《み》えるの？

ほしは よるに ならないと わたしたちからは 見《み》えません。でも、じつは ひるまも よると かわらず ひかりかがやいています。ほしは 1日中《にちじゅう》 たいようと おなじように はげしく もえているのです。

うちゅうには たいようよりも ずっと 大《おお》きい ほしも、たいようより あかるくかがやく ほしも、たくさん あります。

ただ、ほしたちは　ちきゅうから　はなれた　はるかとおくにあるので、その　ひかりは　たいようよりもずっと小《ちい》さく　見《み》えるのです。

ひるまは　ちきゅうの　ちかくにある　たいようのひかりが　あかるいので、わたしたちから　ほかの　ほしの　ひかりは　見《み》えません。よるに　なると　たいようが　かくれるので　空《そら》が　くらくなり、ようやく　ほしの　ひかりが　見《み》えるように　なります。

だから　ほしは　よるの　あいだだけ　見《み》えるのです。

じぶんで かがやく ほし「こうせい」

たいようの ように じぶんで ひかるほしを こうせいと いいます。よぞらに 見《み》える ほしの ほとんどは たいようの ような こうせいです。

たいようとの きょりの
やく26まんばい
たいよう
たいようまでの
きょりは、
1おく4960メートルで、
ひかりの はやさで
8ぷん。
ちきゅう

ほしは すごく とおい

たいようの つぎに ちかい こうせいは ケンタウルスざの アルファせいです。たいようまでの きょりの 26まんばいいじょう とおくに あります。じつは よぞらの かがやく ほしは とても とおくに あるのです。

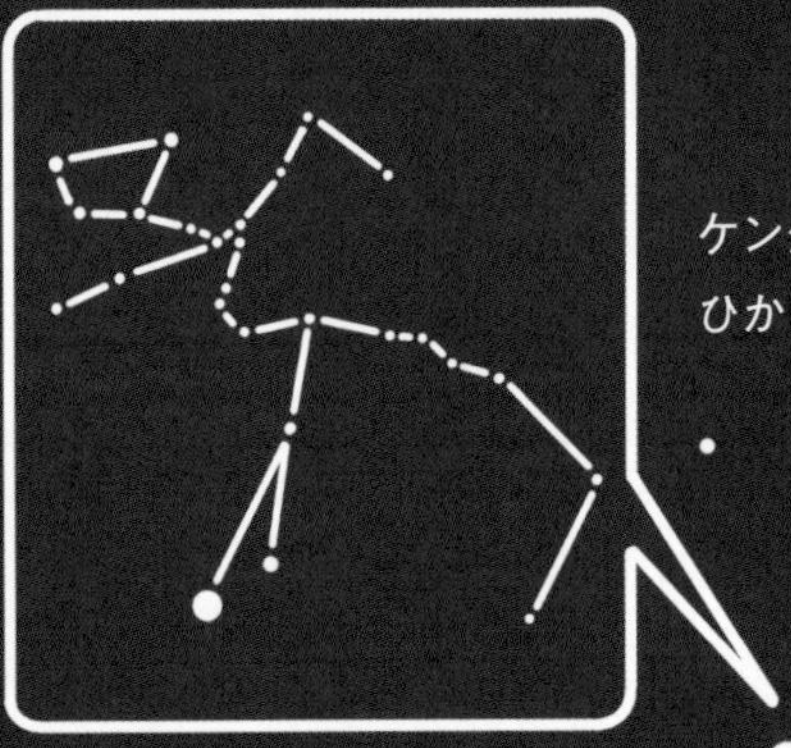

ケンタウルスざの アルファせいまでは ひかりの はやさで 4.3年《ねん》かかります。

ほしの あかるさは きょりと ほしの 大《おお》きさで かわる

おなじ あかるさの こうせいでも、きょりが ちがうと ちきゅうから 見《み》たときの あかるさが ちがいます。こうせいまでの きょりが とおいと ほしは くらく 見《み》え、きょりが ちかいと あかるく 見《み》えます。

いちばん あかるい ほしは、シリウスで、ひかりの はやさで 8.6年《ねん》かかります。

ほしの あかるさは 6つに わけられる！

人《ひと》の目《め》で 見《み》られる いちばん あかるい ほしたちを 1とうせいと いいます。くらく なるごとに 2とうせい、3とうせい…といい、目《め》で 見《み》られる もっとも くらいほしを 6とうせいと いいます。1とうせいは、6とうせいの 100ばいの あかるさで、21こ あります。

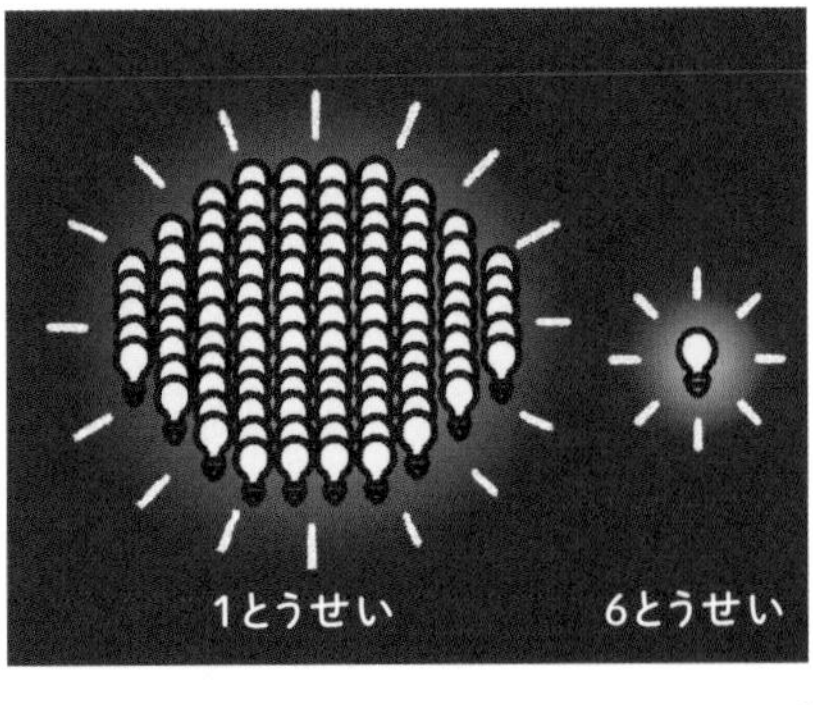

おうちの方へ

私たちのまわりには、科学に関係しているものがたくさんあります。子どもたちは、「なぜ？」「どうして？」という言葉で、科学に興味・関心を示し、得られた科学に関する知識は、学力の向上につながっていきます。

毎日のように新しいテクノロジーが生まれる現代では、科学についての知識の不足は、日常生活を送るうえで不利に働きます。しかし、情報が多すぎて、価値のある情報なのかどうか判断できないこともあります。また、怪しい情報や間違った情報を常に警戒する必要があります。このような時代だからこそ、間違いのない、価値のある情報に触れさせることが必要です。

本書は、正しい科学的な知識が得られるよう、さまざま観点から内容を選び出して作成しました。この本を読み、科学についての興味・関心を、さらに深めていただければ幸いです。

監修　横山　正

参考文献

- 『小学館の図鑑NEO 動物』小学館
- 『学研の図鑑LIVEスペシャル 新版 いちばん! の図鑑』学研プラス
- 『角川の集める図鑑GET! 動物』KADOKAWA
- 『くらべてびっくり! やばい進化のいきもの図鑑』世界文化社
- 『春・夏・秋・冬 どうぶつえん』東洋館出版社
- 『ドキドキいっぱい! 虫のくらし写真館5 アリ』ポプラ社
- 『ちいさないきものずかん みつけた! おもしろ虫』童心社
- 『MOVE 危険生物 新訂版』講談社
- 『小学館の図鑑NEO 水の生物』小学館
- 『小学館の図鑑 NEO 魚』小学館
- 『こども かがく絵じてん』三省堂
- 『家庭の化学 月次活動報告書 アクティビティーノート 連載シリーズ③』社団法人 日本化学工業協会
- 『今日からモノ知りシリーズ トコトンやさしい段ボールの本』日刊工業新聞社
- 『学研の図鑑LIVE もののしくみ』学研プラス
- 『小学館の図鑑NEO 人間』小学館
- 『小学館の子ども図鑑プレNEO 楽しく遊ぶ学ぶ ふしぎの図鑑』小学館
- 『角川の集める図鑑GET! 人体』KADOKAWA
- 『新しい植物ホルモンの科学』講談社
- 『理系脳が育つ! 科学のなぜ?新事典』受験研究社
- 『小学館の図鑑NEO 地球』小学館
- 『小学館の図鑑NEO 宇宙』小学館
- 『学研の図鑑LIVEeco 異常気象』学研プラス
- 『総合百科事典ポプラディア第三版』ポプラ社

参考サイト

- Nitto テープの科学館　https://www.nitto.com/jp/ja/tapemuseum/science/
- 神奈川県衛生研究所　https://www.pref.kanagawa.jp/sys/eiken/

取材協力

東海旅客鉄道株式会社／東日本旅客鉄道株式会社／レンゴー株式会社

監修

横山正　よこやま ただし

1947年東京生まれ。東京学芸大学大学院修士課程修了。同附属小金井小学校副校長を経て2007年3月まで東京都杉並区立和田小学校校長。2004年、児童ひとり1台を想定した124台のノートパソコンを導入し、全国に先駆けてSqueakでのプログラミング教育を取り入れ、話題となる。毎日小学生新聞や朝日小学生新聞にコラムを連載し、多くの子どもたちに理科の楽しさを伝える活動を行う。文部省（現文部科学省）達成度調査委員・指導資料作成協力者委員・学習指導要領作成協力者委員などを通して、日本の小学校理科学習の指針づくりに関わる。現在は法務省人権擁護委員、公益財団法人豊島修練会理事長を務めながら、都内各小学校の研究・研修活動の支援に携わっている。

『理科の実験・観察　生物・地球・天体編』『同 物質とエネルギー編』（ポプラ社）を執筆・監修。理科教科書の編集、児童向けの編著書も多数ある。

部分監修（生きもののおはなし章）

成島悦雄　なるしま えつお

1949年栃木県生まれ。公益社団法人日本動物園水族館協会顧問。東京農工大学卒。都立動物園の獣医師、井の頭自然文化園園長、日本獣医生命科学大学客員教授を務める。トキ、ユキヒョウなどの希少種の保全活動にも従事。日本野生動物医学会評議員。著書に『珍獣図鑑』（ハッピーオウル社）、監修書に『はじめてのずかん　いきもの』（高橋書店）、『小学館の図鑑NEO〔新版〕動物　DVDつき』（小学館）などがある。長年にわたりNHKラジオ番組・子ども科学電話相談に回答者として子どもたちから寄せられる動物の質問に答えている。動物園を退職した仲間と行う、野生動物を観察する旅行がプライベートでの楽しみ。好きな生き物はスイギュウ。

たのしい！ かがくのおはなし1年生

監　修　横山　正
発行者　高橋秀雄
編集者　外岩戸春香
発行所　**株式会社 高橋書店**
〒170-6014 東京都豊島区東池袋3-1-1 サンシャイン60 14階
電話　03-5957-7103

ISBN978-4-471-10471-9　©TAKAHASHI SHOTEN　Printed in Japan

本書の内容についてのご質問は「書名、質問事項（ページ、内容）、お客様のご連絡先」を明記のうえ、郵送、FAX、ホームページお問い合わせフォームから小社へお送りください。

回答にはお時間をいただく場合がございます。また、電話によるお問い合わせ、本書の内容を超えたご質問にはお答えできませんので、ご了承ください。本書に関する正誤等の情報は、小社ホームページもご参照ください。

【内容についての問い合わせ先】
書　面　〒170-6014 東京都豊島区東池袋3-1-1 サンシャイン60 14階　高橋書店編集部
ＦＡＸ　03-5957-7079
メール　小社ホームページお問い合わせフォームから　(https://www.takahashishoten.co.jp/)

【不良品についての問い合わせ先】

ページの順序間違い・抜けなど物理的欠陥がございましたら、電話03-5957-7076へお問い合わせください。ただし、古書店等で購入・入手された商品の交換には一切応じられません。